対話からの出発

住民第一主義をめざして

吉田健一対談集

有信堂

はじめに

この本はわたしのはじめての本である。

いろいろな分野で活躍してこられた８人の方たちと対談させていただき、それをまとめた。わたしにとってははじめての経験で、たいへんためになった。対話すると考えが深まるし、考えが深まると自分の意見がよりよく修正される。対話は大切だとつくづく痛感した。

政治行政の役割は時代を追うにつれて大きくなっている。それは社会が複雑になれば必然だ。50年前にはＤＶとか児童虐待に行政が本腰を入れて取り組まなければならないとはだれも考えていなかった。いまは政治行政が取り組むべき重要な課題である。政治行政の役割は大きくならざるをえないのである。しかしそれは必然的に大きな政府になるということではない。行政職員がすべてにかかわるのではなく、区民の参画による自治を実施すればいいのである。そのほうがしばしば有効であるし効率的でもある。施設管理や公園管理なども地域の住民にやってもらえばいいのである。いわゆる市民委託である。

児童相談所を区役所が設置するのは当然のことだと思っていたが、大塚俊弘さんとの対談によってその思いはますます強くなった。それとともに児童虐待がなぜおこるのか、そして虐待する親にどう対処すべきなのかについて、知見を深めた。

わたしが対談によって蒙を啓かれたのは情報公開についてだった。福嶋浩彦さんとの対談で、現状は公文書公開にすぎないと言われて、なるほどそうかと思った。区民のための情報公開をおこなおうとしたら、区民がちゃんとわかるように、決算書や予算書の区民向け解説書類を作成するべきなのだ。職員がどんな人と会ったかという接触情報の公開も重要だし、監査委員会や教育委員会の委員会内容の区民向け解説書類の作成・公開なども必要だろう。そのうえで区民に自分のことのように関心を持ってもらえるような、働きかけることも検討に値する。詳しくは福嶋さんとの対談を見ていただきたい。

練馬区は人口70万人を擁する大都市部の基礎自治体だが、もっときめ細かに環境問題に取り組まなければならない。環境問題は21世紀の地球社会全体にとって避けて通ることの許されない問題である。わたしは小さな取り組みを数多く実施することが望ましいのではないかと考えている。たとえば学校をはじめ教育施設での太陽光パネルの設置。子どもたちへの実物教育になる。太陽光・風力・河川水流の活用など。こちらも人びとに関心を持ってもらうのに有効だろう。

格差社会は自治体が取り組むべき最重要課題の1つだが、それについては本文のエッセイに書いたのでここでは繰り返さない。

地方自治は活発な市民の提案や意見が生かされる場でなければならない。もちろん行政職員の創意工夫も、だ。市民と行政職員は車の両輪、唇歯輔車（しんしほしゃ）の関係である。協力して地域社会をよくしていきたいものだ。活発な自治は地域社会の活力のあらわれである。活発な自治があるところには、活発な営利非営利の事業活動があり、活発な教育文化活動がある。そして活発な地方自治と活発な経済文化活動は経済活性化をもたらす。

わたしは練馬区に生まれ育って仕事をし、暮らしている。自分が生まれ育った練馬区が活力ある空間であってほしい、活力ある空間にしたいと思っている。

対話からの出発—住民第一主義をめざして　吉田健一対談集／目　次

吉田健一対談 1

対談者 野間マリア綾子 さん

日本教育振興機構理事

学校教育を広い視野から考える

野間 Maria 綾子（のま まりあ あやこ）さん　プロフィール

1994年　東京外国語大学外国語学部卒業
2001年　大手英会話学校にて非常勤講師
2002年　Maria's Classes 開講
2013年　i-Terras International Corporation 副社長、English Club Guam 校長就任
2016年　同社長就任　現在に至る

グアムの語学学校「i-Terras International Corp. English Club Guam」で校長を務める野間マリア綾子さん。同校は、不登校になった日本の中高校生を積極的に長期で受け入れている。語学研修や生活・キャリア支援をおこないながら、グアムの私立学校へ仲介し、卒業まで見守りを続ける。このようなEnglish Club Guamの仲介・サポートにより、ほとんどの生徒が現地私立高校を卒業。そのうち9割は卒業後大学へ進学し、さらにそのなかから4割はグアム大学（UOG）や欧米の大学へ進学しているという。

日本の教育環境で居場所を失った子どもたちがグアムで立ち直る姿を数多く見てきた野間さんと日本の学校教育における問題点を語り合った。

グアムの語学学校で仕事をするようになるまで

吉田　野間さんはもともと日本で英語教室をやっていたのですよね。どういうきっかけでその教室を始めたのですか？

野間　子どもが生まれてから、友人に請われて大手の英会話スクールで教えていました。しかし、英会話スクールの先生はただ語学としての「英語」を教えているだけ。決められたマニュアルのなかで「それ以上」を教えることはなかなかできませんでした。それならば「あらゆる教育に特化した英語教室」を自分でつくってしまおうと思い、下の子どもが保育園に入ることができたのをきっかけに思い切って最初の教室を開講しました。「英語」を軸に小さなお子さんの親子分離から入試のための英文法、シニアの海外旅行のお手伝いまでありとあらゆるカリキュラムを自身で作成し実践していたところ、開講から半年も経たないうちに行政や幼稚園から仕事の依頼が入るようになり日本での基盤が確立しました。

吉田　お子さんが保育園に通っているときだと、まだまだ子育てがたいへんだったのではないですか?

野間　そうですね。とてもたいへんでした。でも、吉田さんは男親1人で3人のお子さんを育てていらっしゃいましたよね?　それに比べたらまだ楽なほうかと思います。

吉田　うちは上の子がまだ中学生のころに突然妻が亡くなってしまいました。まだ40歳と若かったので、亡くなるなんて想像もしていませんでした。亡くなったときは悲しいというよりただただ信じられなくて……。2日間呆然としていました。でも、目の前には3人のわが子がいる。大切な妻が残してくれた最高の贈り物の子どもたちがいる……。

ですので悲しみを乗り越えるという余裕すらもなく、妻の死という現実を無理矢理に受け入れ、とにかく子どもの面倒をしっかりと見なくてはならないということで必死にすごしてきました。

野間　いまは「シングルマザー」という言葉はすっかり一般的になっていますが、男性の1人親「シングルファーザー」というのはまだまだ日本では耳慣れないですよね。

吉田　そうですね。そこからは無我夢中でシングルファーザーとして仕事と子育てを両立させてきました。わたしはもともと事業をやっていて、会社員ではなかったので時間に融通が利きやすかったのは事実です。それでもやはり3人の子育てはたいへんでした。だからこそ、野間さんが保育園児のお子さんの子育て中に新しく事業を始められ、それを軌道に乗せたと聞いて、率直にすごいなと感心しました。

野間　ありがとうございます。吉田さんとはお互いの子どもが通う中学校の保護者会でご一緒したのが最初でしたね。出会った当初に吉田さんが「主婦なんて家事だけやっていればいいから楽だよね。」と言って、周りのお母様方の怒りを買っていたのを思い出しました（笑）。保護者会のような組織ではお母様方の前で肩肘を張り、体面をつくられるお父様方をよくお見掛けするのですが、吉田さんは違いました。体面を取り繕うこともせず、正直に思ったことを口にされ、「何と素直な方なのだろう！」と、逆にとても新鮮でした。

吉田　そんなこともありましたね（笑）。あれは長女が中学校に入ってすぐですね…。妻の具合が悪かったのでわたしが代わりに保護者会の行事に参加したところ、父親はわたしともう1人しかいませんでした。いかに男親が子育てに協力していないかを目の当たりにしましたね。それで成り行き上、わたしは保護者会の副会長になってしまったのです。当時はまだ床に伏せがちな妻の代わりに、たまに子育てや家事をやっていた程度でしたので「仕事をしないでこれだけやればいいなら楽だな。」と思ってしまったのです。でも、のちにそれはとんでもない間違いだったということに気づかされました（笑）。いまとなってはあのとき怒っていらしたお母様方の気持ちが痛いほどわかります。

野間　でもあれをきっかけに吉田さんはお母様方のこころをつかみましたよね。そのすぐあとにおっしゃった「うまくおにぎりが握れないんだよ。米粒が手についちゃってさ…」。あの言葉で皆さんすべてを察したはずです。

わたしは日ごろからうまく手を抜いて主婦業をしていたので当時思わずあのように言ってしまった吉田さんの気持ちも、「主婦業をなめたら許さないわよ！」と思うお母様方の気持ちも両方わかりました。元来わたしは欲張りですので（笑）。仕事のことも「子育ても自分のやりたい仕事も諦めたくない。両方やってしまおう！」とただ単純に思っただけです。

吉田　それはやっぱり野間さんが人並み以上のエネルギーを持った方だからだと思います。現に野間さんは活躍の場を海外にまで広げていらっしゃいますよね。いまでは仕事は海外が中心になっていらっしゃいますが、海外での教育を始めた経緯を教えてください。

野間　もともと年に2回、日本の教室の子どもたちを海外研修でグアムの語学学校に連れて行っていました。毎年欠かさず2回、しかもかなりの人数を連れて行っていたものですから現地の校長とたいへん親しくなり、その校長のニューヨークへの異動が決まった際に「グアム校を引き継いでくれないか」というお話を頂き、引き受けさせて頂きました。

吉田　その先生との出会いが野間さんの人生を大きく変えたのですね。

野間　はい。やはり人との出会いが人生を変えるきっかけになります。でも、貴重な出会いはやはり家のなかにいては得られないものです。どんなにSNSが発達して表面上の出会いが増えても、人と人とが信頼し、心を通わせる出会いにはかないません。不登校のお子さんや、障がいを持つお子さんにも、そんな「出会い」を少しでも多く与えてあげたいという思いで現在仕事に取り組んでおります。

吉田　たしかに教育はいろいろな出会いを提供しますね。わたしたちが出会ったように親同士の出会いもつくってくれます。野間さんが校長をされているEnglish Club Guamでもさまざまな「出会い」を提供していらっしゃると思います。その取り組みの現状を教えてください。

野間　English Club Guamではおもに日本のお子さんをグアムでお預かりしております。とくに最近は不登校のお子さんを多くお預かりし支援しています。ただ、現在はコロナ禍のためグアムの生徒は日本に戻り、語学教育はオンラインで行っています。おかげさまでこのコロナ禍にもかかわらず２０１９年、２０２０年ともに生徒を無事に卒業させ、高校生は全員進学することができました。

日本で不登校だった子がグアムでは登校できているという現実

吉田　日本からグアムに来る子はどのような子が多いのですか?

野間　以前は英語をきわめたいという理由で来るお子さんが多かったです。でも、いまは日本の学校に居場所がなくてグアムへやって来るというお子さんが増えています。

吉田　いわゆる不登校の生徒ですね。日本では「学校はこうでなくてはならない」「生徒はこうでなくてはならない」といった固定観念が強すぎて自由がないと思います。日本の教育のあり方がそういう雰囲気をつくってしまっているのではないでしょうか。

野間　そうですね。子どもを枠にはめようとしたら、そこに収まれなかった子は居場所がなくなってしまいますよね。不登校になってしまう子もいわゆる「普通の子」とおなじなのに、どこかおどおどしてしまっている印象を受けます。

吉田　野間さんのところに来るのはどんな家庭のお子さんが多いのですか？

野間　グアムで長期間お預かりするので、費用が相当かかります。そのため親御さんがかなり裕福なご家庭が多いです。ご両親の学歴も高く、お子さんにもきびしい傾向が見受けられます。ご両親（もしくはどちらか）の成功体験をそのままお子さんに押し付けていることが重荷となり、悪い成績を取るのを恐れ、学校に通学できなくなり、通信教育ですら続かなくなる。それでなんとかしてほしいとご相談に来るご家庭が多いです。

吉田　それはその子に問題があるのですかね？　家庭環境に問題があるのではないかと思うのですが。

野間　もちろんです。そういうお子さんたちはセルフエスティーム、いわゆる自己肯定感が低く、それはご両親の存在が大きく影響しています。実は日本で学んでいても、グアムで学んでも教育的には大して変わりはないのです。ただ、大きな違いはご両親との距離です。そういったお子さんたちはご両親の目がないというだけで楽になれるようです。

吉田　親が原因ならば親から離してあげればいい。わかりやすい解決策ですがそれがなかなか難しいですよね。

野間　そうですね。もちろん不登校にはたくさんの理由と複雑な状況が重なり合っているとは思いますが、「ひょっとしたら自分たちに原因があるかもしれない…」と思ってくださるご両親は実はなかなかいらっしゃいません。むしろ「この子のこういうところは主人（妻）に似たんだと思います…」とおっしゃる方が多く、ご夫婦の根底にある信頼関係がお子さんの自己肯定感に深く影響を及ぼすのだなと面談をするたびに感じます。

吉田　わたしは早くに妻を亡くしてしまったために子育ては途中からわたしだけで、「ワンオペ」の「1人親家庭」でした。当然ながらわたしは子育てや家事に加えて仕事もあって忙しい。子どもに過剰にきびしく、また過干渉するような余裕もなかったので、結果的によかったのかもしれません。

野間　そのとおりです。大人でも四六時中監視されていると息が詰まってしまいますよね。

必要なのはその「適度な距離感」なのです。

吉田　いっしょに暮らしていたら当然ながらきびしい親の目から離れられない。かといって学校に居場所があるわけでもない。苦しいですよね……。

野間　だから、せめて1週間でもいいですからご両親から離してあげることが大切なのです。何も海外まで行かなくとも農村留学でも何でも、安全なところであればいいのです。

吉田　はじめて野間さんの活動を耳にしたときとても興味を持ちました。日本で深刻な問題になっている不登校児問題を解決するキーポイントがここにあるのではないかと大きな期待を持ったからです。あのときはいてもたってもいられず、何かに導かれるようにフライトを予約しEnglish Club Guamを見学させていただいたのですが、実際に現地で目の当たりにしてその「期待」は大きな「確信」へと変わりました。どのお子さんも皆驚く程キラキラと輝いていました。本当に眩しいくらい輝いていたのです。しかし信じられないですがそんなお子さんたちもそうしたさまざまな事情を背負って来ていたのですね。

野間　はい。抱えているものはそれぞれでしたが、はじめて吉田さんがグアムにいらしたときに出会ったあの子たちは皆、日本の学校で居場所を見つけられなかった子どもたちです。でも輝いていましたよね？「グアムマジック」です（笑）。

吉田　はい。本当にみんな楽しそうに学校に通っていました。早朝の登校時にケラケラ声を上げて笑っていたのですよ!!　日本でもめったに見ることはありません。あの様子を見て、日本の学校はこれでいいのかと考えさせられました。わたしもあの衝撃の初見学以来「グアムマジック」の秘密を探るべくEnglish Club Guamのお仕事を手伝わせていただくようになり、現在は経営にも携わらせていただいております。当初はグアムの朗らかな空気がこんなにも子どもたちを変えるのかとも思いましたが、そうではないのですね？

野間　はい。たしかにグアムの青い海、白い砂浜、深碧のジャングル、美しいサンセットは子どもたちの五感を刺激し精神的な安定をもたらします。しかし大切なのはそれ以外の部分です。グアムに来ることによっていままでとは違う人間関係を築けることが「かつての自分」からのリセットになるのだと思います。いままであれほど嫌だったご両親の存在も毎日Skype（当時）で10分話すだけならまったく苦にならなくなるようです。もちろん寮以外の生活はすべて英語ですし学校は日本の学校とはまったく違うシステムです。そんななかで日本語を話せる人を見つけたら、もういままでのシャイな自分をかなぐり捨てて声をかけるしかありません。そうしないと生きていけないからです。そうしているうちに徐々に友だちができ、友だちとの距離感もわかるようになるのです。

吉田　これまでの環境から完全に切り離し新しい世界を見せること、それが子どもたちに大きな変化をもたらし、日本の学校現場では居場所が得られない子どももグアムでは居場所を見つけられているということですね。人づくりは、科学的思考力、チームワーク、リーダーシップ、語学力、社会的関心など、多方面にわたります。ただ勉強をすればいい、というのではなくて他の子どもたちとどうやって交流を持っていくか、いっしょに何かに取り組んでいくか、などさまざまな要素があるのだと思います。

野間　そうですね。吉田さんにもここ数年子どもたちの学校送迎や週末のアクティビティのお手伝いをして頂き、積極的に子どもたちと接してくださっているのでよくおわかりだと思いますが、グアムという異国で学ぶということは、ただ勉強をするというのではなく、「新しい環境を生き抜くための学び」「生きる力」を手に入れることなのです。

吉田　そのような観点も含めて教育とは国の根幹をなす重要な分野だと思います。いま日本の経済は停滞していて、かつての勢いはありません。それはやはり教育も関係していると思います。大学の世界ランキングを見ても、トップ200入りしているのは東大と京大のたった2校です。一方で高校1年生の学習到達度を見ると世界トップクラスなのです。ですから、大学の問題と高校までの教育の問題は別に考えるほうが良いでしょう。そのなかで高校までの教育ではやはり「いじめ」や「不登校」の問題が心配です。またそれ以外で最近気になるところでは、生まれつき髪の色が茶色い子に黒く染めさせることを学校側が強要するといったいわゆる「ブラック校則」と言われる問題もあります。グアムの子どもたちの表情を見ていると、そういった校則の必要性も考えさせられました。

野間　グアムはいわゆる南国のいい意味での「適当さ」「緩さ」があります。校則はもちろんありますがそれは日本の校則とは比べ物にならないほどです。当然犯罪行為には非常にきびしい処罰ですが、最低限のルールさえ守れればあとはその子の個性と見なしてくれます。いままで日本で他と迎合できずに、自分なりの強いこだわりを持ち生きてきた子どもたちにとって個性を尊重してくれる学校は通いやすいのだと思います。日本で息苦しい思いをしている生徒がグアムに来てから生き生きとしてくる姿を何度となく見てきました。日本で学校に通えないのにグアムでは通えている現実がここにあります。

1人親家庭の問題

野間　吉田さんは男親だけでの子育てで苦労も多かったと思いますが、とくにたいへんだったことはありますか？

吉田　やはり弁当づくりですね。これは本当に毎日つくり続けないといけない。子どもが3人もいるものですから、1人がようやく卒業してもまた別の子の弁当が始まる。そうやってかれこれ10年間も毎日のようにつくり続けました。「主婦のみなさんあるある」ですが、「明日は弁当がいらない」と聞くと心底ホッとしていました。このころには主婦のみなさんのたいへんさが痛いほど身に染みていました。

野間　女性がやってもたいへんなのに、それをやり続けられた吉田さんはすごいと思います。料理はお得意だったのですか？

吉田　いえ、それまではキッチンに入るのも年に1回くらいのものでした。ですから最初はコンビニで買った弁当を詰めかえたり、冷凍食品をたくさん使っていたのですが、すぐにやめました。最近はコンビニの食材も冷凍食品もよくできていますし、美味しいです。でも、そうやって出来合いのものばかりだと子どもがかわいそうな気がして……。妻から託されたこの子たちにこんな弁当を食べさせていていいのか？　と思うようになり、それからは毎日本気で美味しい弁当をつくろうといちばん力を入れてやってきました。仕事の前にやらないといけないので毎日朝5時に起きて弁当づくりの日々でした。

野間　一生懸命つくったお弁当を持たされると、お子さんたちも親からの愛情を感じますよね。

吉田　はい。もちろん子どもから「美味しかったよ」なんて言われることはありませんでしたが、でも全部残さずに食べてくれているのを見るとそれが答えなのだと嬉しく感じました。また、わが家ではわたしが弁当をつくるけども、弁当箱は各自で洗うというルールにしていました。いま思えば、弁当を通して親子の気持ちがつながっていたのかもしれません。「明日は弁当いるの？」「うん、いるよ」「生姜焼きは？」「脂身は多めのほうが美味しいよね」といった具合に必ず会話が生まれる。弁当が親子のコミュニケーションをとる1つの材料にもなっていました。

野間　たいへんだったからこそ、そうした親子のつながりもよりいっそう強く感じられたのでしょうね。お父さんが不慣れなお弁当づくりを朝早く起きてやっている姿を毎日見たら、子どもたちも自分もしっかりしなければと思ったはずです。

吉田　そうだといいのですが（笑）。でもそのおかげか、うちの子たちは不登校になることもなければ、ひどい反抗期もなかった。みんな勉強も自分でやって希望する大学に入っていきました。妻は亡くなりましたが、彼女の教育は子どもたちのこころのなかで生き続け、それは決して間違っていなかったと確信しています。

野間　お子さんを叱ったりすることはあったのですか？

吉田　それはなかったです。一度も怒鳴ったことはないです。幼児教育に携わっているため、怒っても何の解決にならないという知識が根本にありました。だから何か不満があってもあえて敬語を使ってお願いするような言い方をしていました。「散らかっている洗濯物を畳んでいただけませんか」という具合に下手に出るやり方です。

野間　それは凄い！　わたしは生徒にはそれはできても、自分の子にはなかなかできませんでした！

吉田　わたしは子どもに対して主従関係をつくり、怒鳴って従わせるようなことは絶対にしたくありませんでした。それでは子どもは萎縮するか、そこから逃れようと非行に走るかのどちらかになってしまうしかないとわかっていたからです。家族というのはそういう支配関係ではなく、お互いが信頼し合えることが重要であるというのがわたしの基本的な考え方なのです。

野間　親子の間でしっかりと「適度な距離感」と「信頼」が築かれていたのですね。不登校児の問題でもお話しましたが、そうした家庭環境をつくることはいまの時代、本当に難しいことだと思います。

吉田さんは「1人親家庭」に対してはどういう助けが必要だと当時感じていましたか？

吉田　わたしは父子家庭だったわけですが、実際に体験して思ったのは母子家庭よりは確実に楽だということです。それを紐解いていくと結局、それなりの経済力があったからという点に尽きます。子ども3人を大学に入れることができたし、小学校から私立に通わせることもできました。一方で、母子家庭、いわゆるシングルマザーは約123万世帯ありますが、およそ半分は相対的貧困世帯です。学費のみならず生活費も毎月ギリギリで、働き詰めになる。同時に、家事や育児をする。これは想像を絶する苦労だと思います。体力的にも精神的にもきびしすぎます。

野間　まさにそうですね。貧困世帯だとさまざまな面で余裕がないので、選択肢も少なくなってしまいます。先ほどEnglish Club Guamに相談に来るのは所得が高いご家庭が多いと言いましたが、それも経済力があるからこそ「グアム留学」を選択肢に入ることができるわけです。わたしのところにも「ここなら学校に通えるようになるかもしれない…」とお子さん自身が言っているのに結局現地校の入学金が準備できずに泣く泣く諦めた母子家庭の方が何組かいらっしゃいました。わたしもさまざまな奨学金や支援金を調べて応募を手伝ったのですが、やはりそれまでが学校に通えていなかったので結局支給されませんでした。

吉田　それはかわいそうでしたね……。何とかしてあげたい……。それは行政が手助けするべきですね。

野間　はい。ぜひ不登校児用のチャレンジ支援プログラムなど海外を参考にして充実して頂きたいです。

ほかに何か「1人親家庭」について思われることはありますか？

吉田　夫婦そろっているばあいには夫婦喧嘩が絶えないなどで子どもが苦しむケースも多いと聞きます。そういう意味では片方の親しかいないというのは必ずしも不幸とは言えないのかもしれません。なんせ夫婦喧嘩は発生しませんから（笑）。悪いことばかりではなかったのだとポジティブにとらえるようにしています。

野間　不登校傾向のお子さんに多いのは、1つは学校でのいじめ、それからもう1つは家庭内の不和です。夫婦関係が悪いと子どもにとっては辛いわけです。その点、吉田さんはお父さん1人で朝早くから頑張っていましたよね。

1人親ということだけで必ずしもハンディがあるわけではない。このようなポジティブシンキングは1人親に限らず、子育てには必要です。「1人親家庭」の問題はやはり経済的な面に集中するわけですね。

吉田　そこは行政がきめ細かくサポートすべきです。いまは各家庭の自己責任に任せてしまっています。しかし、1人で頑張るのは限界があります。それに対して「地域として、社会として、子どもたちを育てる」という視点に立ち、たとえば働くシングルマザーに対しては優先的に無償で保育園に入れるとか、公営住宅を無償で提供するなどできる支援を徹底的にやるべきです。

野間　1人親家庭として苦労されてきた吉田さんだからこそできる、おなじ境遇の方々に親身に寄り添った政策を期待したいです。是非お願い致します。

トランスジェンダーの子

吉田　野間さんのところに来る不登校のお子さんたちは、具体的には日本ではどのようなことに苦しんでいたのでしょうか。

野間　いろんなお子さんがいますが、トランスジェンダーの子などは日本の先生方もとても対応に苦労されていたようです。体育のときの着替えが困ったという話をよくしていました。日本では体育が必修なので、授業を受けないという選択ができません。また、トイレも困ります。生物学上の性別で区分されているからです。これらはほんの一例ですが、トランスジェンダーに限らずLGBTQなどの性的マイノリティは日本ではまださまざまな面で苦労しています。しかも同級生だけでなく教師を含めた学校側にも理解があまりないために偏見を持たれ、陰口を言われたりすることがどうしても多くなってしまいます。日本の学校には居場所がなく、自分は疎外されていると感じたお子さんが救けを求めてグアムに来ています。

吉田　その子はグアムではどうだったのですか。

野間　グアムではトランスジェンダーの子が生物学上の性のトイレに入る必要はありません。好きなほうを選べます。また校内に同性のカップルも普通におり、町でも手をつないで歩いています。こころないことを言われることもないし、そのような空気は微塵（みじん）もありません。そうした環境のおかげか、彼女（彼）は初日からすぐに学校へ行けるようになっていました。

吉田　トランスジェンダーに関しては、日本では学校だけじゃなくて行政の対応なども含めさまざまなところで、いろいろな問題はあります。

野間　そうですね。日本でも最近ようやくLGBTという言葉が一般的になってきました。少しずつ変わってきているとは思います。でもいまアメリカではLGBTQから進化したLGBTQPOCやLGBTQBIPOCが主流になっています。やはり日本はまだまだこれからですね。

吉田　LGBTQ以外にも、障がいや人種などの理由で学校に行けない、社会に出られないという子どもをつくってしまうことは許されないことです。人権の問題ですから、それは何とかしなければならない。「教育」が真っ先に取り組まなければなりません。子どもは自力で問題を解決することが難しいですから。

野間　問題の繊細さもあり、行政の対応もスムーズにすすんでいない印象です。

吉田　はい。身近な例ですが、住民票など役所の書類には、性別を書かせますが、そこに何か意味があるのか？　個人の知られたくない情報は守ってあげなくてはいけない。また行政のトイレなどもこれまでどおり男女だけの区別でいいのか。そのような繊細な問題を考えるとき、「いま現在何が欠けているのか？」「今後どうすべきか？」ということをもっと当事者に聞くべきではないでしょうか。

野間　はい。やはり当事者から積極的に話を聞く姿勢が必要かと思います。わたしも当事者の子どもたちと接したことで理解が大きく広がりました。

吉田　相手に寄り添って聞くということが大切ですね。日本では固定観念に縛られているように感じます。子どもは何も考えなくていい。大人が全部決めて、守ってあげているのだという空気が学校にもあると思います。

野間　そうですね。子どもの気持ちに寄り添っていないから、子どもたちは悩みを抱え込み、学校に行けなくなってしまう。不登校児がこれだけ多いのもそういうことが原因だと思います。

吉田　不登校児に対しても結局何もせずに、義務教育を卒業させてしまっています。だいたい、義務教育とは、最低限の知識を国民平等に教えることではないですか？　それもせずに問題を先延ばしにしている。日本の大きな課題です。以前に水泳の授業を強制されるのが嫌で学校に行かなくなったという生徒の話を聞いたことがあります。いまの時代、民間のプールもたくさんあるのですから、嫌だという子を無理やり学校のプールに入れる必要はないはずです。

野間　「必ずクラスに何かで苦しんでいる子どもがいる」という前提で教育をおこなってい

くのが重要でしょうね。グアムではプールでの水泳の授業はありません。水泳はスイミングクラブで楽しんでいます。体育事情はとても異なりますね。

選択肢を増やすことが不登校への対策になる

吉田　不登校というのは、日本の教育問題を考えるうえで重大な課題だと思います。不登校になっている子がもっとも多いのは中学生で、２０１９年度は全国で約13万人もいました。比率で言えば４％ほどの子どもが不登校になってしまっているのです。なぜ不登校という問題がおこるのでしょうか。

野間　不登校は以前からありましたが、社会問題となったのは「１９８０年代の大学進学が一般化したころ」と言われています。大学まで行くことで、子どもたちは学校制度をつうじて平準化され、不登校とはその「平準化」から外れること意味し、非難の対象となってしまいました。学校、子ども、親、先生、全員がこうあらねばならぬというプレッシャーのようなものが日本では強いのではないでしょうか。不登校だけではなく、いじめの背景にもそれがあります。「皆と同じでないのは悪である」「没個性」という同調志向が強すぎるのです。

吉田　たしかに同調志向は強いですね。だからこそそれに従わない者に対しては同調圧力が激しい。「おなじ」であることが善とされるので、そうでない子はいじめの対象となってしまう。日本でいつまで経ってもいじめがなくならないのは同調思考が強い証拠だと思います。グアムにはいじめはないのですか？

野間　ないということはありません。ただ何か問題がおきたら、別の学校に通えばよいという感覚です。単純に選択肢がたくさんあるのです。ホームスクールも認められているのでそもそも日本の「不登校」という感覚はわからないかと思います。学校が合わなければ家が学校になる、家で学校と同等に学べるということです。そのように選択肢が多いことはとてもいいことだと思います。

吉田　たしかに選択肢が多いというのは素晴らしいですね。日本の義務教育は学校に来させなきゃダメという感覚ですね。わたしは前々から、本質はそこではないと感じていました。もっといろんな方法があるのではないかと漠然と思っていたところで野間さんの取り組みを見て納得しました。やはりキーポイントは「選択肢」。それを多く持つことが大切であり、子どもにとって選択肢があるということこそ、不登校対策の要であると確信しました。

日本もひところにくらべたらずいぶん変わりましたが、やはり学校に行かせることに行政も、先生方も、親も執着しすぎている。もっと、柔軟に対応できないものかと思います。

野間　わたしもそう思います。ただ単にその学校が嫌なだけなら別の学校に行けばいいわけですし、家族との問題であれば家族と離れて学べる学校に行けばいい。日本の教育が合わないのならば海外の学校に行けばいい。このようにさまざまな選択肢があればその子にとって最適な道を必ず見つけられるはずです。

吉田　海外に行くことも選択肢の1つだと思います。わたしは当初、英語が話せない子はつらいのではないかと思っていました。しかし、それはそもそも問題にならないのですね。

野間　そうですね。たとえば、高校生の年齢の子が英語を話せない場合、「じゃあ小学生のクラスから始めましょうか」となります。当然ながらこの学年の子はこの教室にいてはいけないということもありませんし、自分のことを知っている子もいないので友だちにどう思われるかなども気にしなくていいのです。

吉田　わたしもグアムの学校にお邪魔する前に英語を話せるようになってから行かなければと思い、猛勉強をしてから行きました。でもそういう考えそのものがダメなのかもしれないですね。英語が話せなければグアムに行ってはいけないという思い込みがありました。

でも行ってみれば、だれもそんなことは気にしていませんでした。

野間　あのときは吉田さん、とても英会話の勉強を頑張っていらっしゃいました。短期間で素晴らしく上達され、ご自身が掲げた目標もクリアされていましたね。チャレンジ精神が豊富で目標に向かって一心不乱に頑張ることができる方なのだなと思ったことを覚えています。担当させて頂いた講師たちも「**Ken is a hard worker!!**」と驚いていましたよ。

グアムのみんな、優しいですよね。多民族国家ということもあるのか、他者に対してとても寛容です。日本や海外にかかわらず、「他人」は思っているより優しいのかもしれません。

吉田　子どもたちの英語はいつの間にか上達するのですか？

野間　はい。必要に迫られて話していくうちに……ということですね。友人が1人できればそこからはあっという間に上達します。

吉田　わたしも英語が話せなければ行ってはいけないと思っていたように、日本人は真面目すぎるのですかね。真面目は悪いことではないですが、度がすぎるといけません。こうなりたいけどなれないという真面目な子どもたちに別の選択肢もあたえることがよい結果を導き出すということですね。

野間　グアムに来た生徒のなかには持病で朝起きられない子や、勉強ができすぎて先生とトラブルになった子もいます。このように不登校になる理由はさまざまです。かつてひとことも話さない子がいました。でもその子は海洋生物が大好きで、海に囲まれたグアムはまさに彼にうってつけの場所だったのです。好きな分野の学びを深め、海洋学者をめざしてグアム大学に進学しました。その過程でそれまでひとことも話さなかった子が、よく話す子に変わり、最後は寮監として中学生のお世話をしながら立派に大学を卒業し、現在は日本の大学院に通っています。

吉田　それはすごいことですね。子どもは本来みんな好奇心が旺盛で、必ずやりたいことがあるはずです。その感情を封じ込めるのではなく、伸ばしてあげるのがあるべき姿だと思います。

子どもたちは勉強が嫌いでも、学ぶことは嫌いではない

野間　子どもたちは、勉強は嫌いかもしれない。ただ、学ぶということが嫌いではない。興味があることをもっと知りたいという欲求はみんな持っています。そこを育ててあげられ

る教育ができればと思います。

吉田　同感です。子どもたちに寄り添って、いっしょに道を切り開いていく。そのことがだいじですね。ところで海外の学校を選択する場合、海外の学校での授業日数がカウントされないという点が問題になりますね。

野間　そうですね。ビザ等を取得する正規留学や単位認定をおこなっている私学同士でない限り、現地の学校へ登校していても日本では欠席扱いになってしまいます。短期だととくに学期中に行くと確実にそうなってしまいます。現地の学校側から「ちゃんと通学していましたよ」という書類を出してもらっても欠席扱いになります。そうなると欠席日数が増え、内申点が下がり、結局日本の成績表は悪くなる。もったいないですね。

吉田　なぜ海外で学んできた日々が出席扱いにならないのでしょうか。選択肢が増えて、本人のためになります。なぜそういうことができないのか。子どものことを第一に考えた制度になっていないのではないかと憤りすら感じます。

野間　日本では不登校になったけれど、グアムに来て元気に学校に通ったり、学んだりしているたくさんの事例があります。それを見て、「ここだったら頑張れそう」、「自分も行ってみたい」という不登校の子どもたちはいるはずです。

吉田　先程のお話にも出ましたが、海外に行くとなるとお金がかかる。それなら通えないという子どもたちに補助をしてもいいかもしれません。実際に何10万人もいるわけではないのですから。「抱えた問題に対処できずに学校に行けなくなった……」という子どもを救ってあげる支援です。なかにはそれを「ワガママだ」「甘えだ」と言う人もいるかもしれません。しかしそれは知らない人が勝手に言っているだけです。障がい児やうつ病の問題、認知症の問題もそうです。普通とは違うから甘えだという考えを持ってはいけないのです。行政はみんなのためのものです。そういう人たちを支援する気持ちはつねに持ち続けなければなりません。学校に行けない人をフォローする対策が何かあってもよいと思います。

野間　「不登校をやめさせ、登校させる」という支援ではなく「不登校でもできること、やりたいことを支援する」という支援策はとてもいい考えですね。是非つくり上げてほしいと思います。

吉田　不登校は甘えでもわがままでもない。それを前提として、どうするかを考えないといけませんね。そのためには子どもの側に立った対策を充実させるべきです。

野間　同感です。スクールカウンセラーも、子どもを学校に引き戻すための仕事になっているように感じます。3年前「不登校だったけどいまはグアムで元気に高校へ通えています」と報告したら、「彼は海外向きだなとずっと思っていました!!」と答えた日本の先生がいらっしゃいました。「それならどうしてそのときに本人にそう言ってあげなかったの！」と驚くとともに切なくなってしまいました。すぐにそう言ってあげていたら、彼は1年間を棒に振らずに済んだのですから……。日本では「他の学校に行け」とは言えない事情があるのでしょうね。

吉田　先生という立場上「ほかの学校に転校したら」とは言えないでしょうね。生徒を指導する立場である先生は正しくなければならないという考え方におちいっているのかもしれません。それもどうにかならないものかと思います。

野間　先生方も「教師はこうあるべき」という固定観念にとらわれすぎているのかもしれません。先生方が率直に「あなたには海外の学校が向いているかも」と言ってあげられる環境づくりも大切です。子どもの望む道をいっしょに探し、送り出してあげられるような環境であってほしいです。日本は多数派に流れがちだと言われますが、このようにいわゆる「普通」とは異なる子に対する選択肢が少ないことがそのあらわれです。マイノリティ（少数派）こそ選択肢が多くあるべきです。

お母さんの泣く姿がとても切なかった

吉田　わたしは幼稚園を運営しています。そこでこれまでに多くの子どもたちと接してきました。そのなかには、いろいろな問題をおこしてしまったりする子もいます。障がいを持っている子もいます。一般の人にとってはそうした子と触れ合う機会は滅多にないかもしれません。でも、わたしはいろいろな形で社会からいわゆる「普通ではない」とされてしまうような子どもとたくさん出会ってきました。ですので、次第にそういう子たちがいて当たり前という意識に変わってきたのです。わたしの幼稚園にもほかの子ども遊ばずに、ジャングルジムのてっぺんでただひたすらじっと何かを見つめているだけの子、砂場で延々と穴を掘り続けている子、すべり台を何十回も滑り続ける子がいました。「ほかの子と遊んだら？」と促す人もいるでしょうが、わたしはそのままにしたいようにさせておきたいと思いますね。

野間　そのお子さんはまだ幼いのでうまく言葉であらわせてはいないのですが、きっとその子なりの楽しみをちゃんと見出しているのですね。楽しいから、面白いから、興味があるからそれをずっと繰り返し続けているのです。みんなで探検ごっこをするのが好きな子もいれば、お姫様ごっこが好きな子もいる。そしてジャングルジムで１人空を眺めるのが好きな子がいてもいいのです。それが「個性」ですから。

吉田　無理にいっしょに遊ばせることはさせません。ＬＧＢＴＱだって、自分の周りに何人もいたらそれが「普通」になります。社会が勝手に「普通」という基準をつくり、そこにはまらない子を排除してしまう。だから、なおさら壁ができて、差別や偏見を助長してしまっているように思います。

野間　それは幼稚園を運営している吉田さんだからこそ実感できたことですね。不登校の子どもに向かって、「逃げるな！　強くなれ！」と言っている社会の側に問題があるということにもっと目を向けるべきです。

吉田　不登校の子に向かって「逃げるな」「負けないで」と言えばより追い詰めてしまう。「君のことを大切にしてくれない場所になんていなくたっていい」と言ってあげるべきです。不登校や引きこもり、そのような子どもたちに対して何ができるかを考えるのが、教育に携わるわたしたちの仕事です。それなのにいまもなお日本の教育は平準化を求め、枠からはみ出る者を排除して課題から目を背けています。昨今「多様性を認める教育」とは言っていますが、そもそも人はそれぞれが「違う」生き物なのです。高所に立ち「認める」のではなく、「違う」ということこそが本来の「普通」であるという認識があまりにも欠けています。わたしが現状の教育政策に不満を持っているのはそこなのです。

野間　これを放っておけば、その子たちはずっと社会から疎外され、仮に受け入れられても「自分たちは認めてもらった人間」という卑屈な感覚をいつまでも持ち続けます。若者の自殺が増えていることも、これとは無関係ではありません。「社会から疎外されている孤独感」、「自分自身を認めてあげられない自己肯定感の欠如」が若者の心を蝕んでゆくのです。18歳までの子どもの段階でそれをしっかりと支えてあげる教育を施すことが、まさにわたしたちの急務ですね。

吉田　先ほど野間さんからもご説明がありましたが、不登校が深刻な社会問題となったのは1980年代からです。最近では当時の不登校児の年齢層が高齢化して、中高年の引きこもりという問題があらわれました。内閣府の推計では40～64歳の引きこもりが全国で61万3000人もいるそうです。もちろんそうでない方もいるでしょうが、20～30年前の不登校児が、何もなされないまま放っておかれて現在に至っているケースもかなりあるのではないでしょうか。

野間　当時の不登校児の何％が引きこもり化しているかの具体的な数字は把握していませんが、メディアで見る限り不登校児がそのまま引きこもっているケースは多いようですね。最近は引きこもりが原因となる家庭内の悲劇的な事件がたびたびおきています。引きこもりの問題に対して、何ら有効な手立てが打てていないというのは間違いないですね。

吉田　40歳以上で引きこもりの人が60万人以上いるのですから、事件としてあきらかになっているのは氷山の一角にすぎません。社会的にも深刻な問題になっています。とくに40歳以上というのは会社で言えば管理職のまさに働き盛りの層なはずです。そうした世代が引きこもって経済的な価値を生み出せないままにしているのは大きな損失です。まさにＳＤＧｓのNo.８「働きがいも経済成長も」の問題です。

野間　そうですね！　ＳＤＧｓについてはEnglish Club Gamでもたびたびワークショップを開いているのでわたしもよく認識しております。しかしながら長年引きこもってきた人をいきなり外に連れ出し働かせるのは実際にはかなり難しいでしょう。とくに不登校―ＮＥＥＴ―引きこもりという経緯をたどってきた方々のこころを解きほぐすのは容易なことではありません。

吉田　周到な準備と根気よく向き合う時間、何よりも本人のやる気が必要です。いまわたしたちが手っ取り早くこの件に対処するとすれば、それは「未来の引きこもりをつくらない」ということです。引きこもりを減らすにはその予備軍であるNEETを減らし、NEETを減らすためにはそのきっかけとなる不登校問題を解決する。やはり要は不登校問題です。

野間　そうですね。やはり不登校問題を避けて引きこもり問題を語ることはできないと思います。歩みは遅いですが90年代後半には文科省もフリースクールに通うことを「出席」と認めるようになりましたし、校則を撤廃する学校も出てきました。徐々に改善されてきてはいるのですが…。

吉田　あまりにも対応が遅いですよね。増えていく不登校や引きこもりの割合に行政の対応がまったく追いついていません。現状に追いつくためには遅刻を認めても、授業中の仮眠を許してもいい、とにかく何でもいい、アクションを起こすことが必要なのです。「過度な平準化」を見直し、子どもたちの選択肢をできる限り多くつくり出し、どんな子どもたちでも受け入れ、その可能性を応援していく対策を早急にとるべきです。

野間　大賛成です。是非不登校児だけでなく、アスペルガーや自閉症など特別な個性を持つ子どもたちにもそのチャンスをあたえてもらえればと思います。

吉田　アスペルガーのお子さんはある分野で特筆した能力を発揮するということがありますよね？

野間　はい。わたしの生徒にもアスペルガーと診断されていますが、英単語はすぐに大量に覚えられるという特別な能力を持った小学生のお子さんがいます。ご両親が「きっとこの子にとって英語は特別なものだ。この子が生きていくために何とかこれを伸ばしてあげたい」とお考えになり、グアムにいらっしゃいました。アメリカのTVなどではよく見かける光景ですが、グアムの学校でも授業中に寝そべって絵を描くことなどは普通です。その子は日本では授業を乱す問題児として扱われていましたが、グアムではクラスのなかでただ1人ちゃんと椅子に座り、いちばんしっかりと先生の話を聞いていました。

吉田　不思議ですね。日本の問題児がグアムの普通クラスでいちばんしっかりしていたと。

野間　そうです。その様子を見たお母様が「日本に帰ったら特別支援学級か特別支援学校かを選ばなければならないのに……」と言ってほろほろと泣いていらっしゃいました。その姿が本当に切なくて……。グアムで教育に携わっていると、日本の学校は何て選択肢が少ないのかと思います。その子には二択しかありません。

吉田　まさに「排除する教育」そのものですね。あまりに狭い選択肢です。個性を伸ばすいろんなタイプの学校があって、たくさんの選択肢が与えられるような環境であるべきです。

野間　はい。8年前には日本の中学校であるお母様が泣いている場面に出会いました。不登校のお子さんのお母様でした。先生と面談し「不登校は親の責任」と深く受け止めてしまったようでした。学校に行かないと決めたのはそのお子さん自身です。たとえ14歳が下したその決断が間違っていたとしても、世間に抗いその決断を下したその「勇気」を認めてあげることはできないのでしょうか。せめてそれを「個性」と受けとめてあげてもいいはずです。そのうえで学校に通わなくても教育を受けられる方法を数ある選択肢から選ぶ……それが現在の教育の世界基準です。日本でもいろいろなことを「個性」として認めてあげる土壌があればと思います。

吉田　日本は島国で古来より個性を認めない土壌がありますよね。個性を伸ばす教育をしてこなかったので、枠にはまらない子どもは受け入れられない社会になってしまっているのかもしれません。

野間　日本の教育現場もそろそろ個性を伸ばす教育に転じるべきです。

吉田　野間さんのグアムでの実践や成果を、現地に行って実際に体験したり見聞したりしてもらうなど、学校の先生に異文化体験をしてもらうのもよいかもしれませんね。

野間　本当に、教育委員会の方々や先生方にはもっと海外研修をすすめてもらいたいと思います。日々の業務で忙しいのでしょうが、もう少し海外に目を向けて、世界を知っていただきたいです。かつてのわたしもそうでしたが、きっといままでとは違った発想になるはずです。

これからの教育は変わらなければならない

吉田　教育は大所高所に立って考えなければなりません。わたしは3つの観点があると思っています。1つ目は「日本経済の活力」、2つ目は「学術研究の促進」、3つ目は「1人ひとりが自分を愛する」という観点です。今日はおもに第3の観点に立ってお話しをうかがいましたが、この3つの観点のどれに主眼をおくかで方向性が大きく変わってしまいます。たとえば1つ目の観点に重きをおくと「勤勉で協調性の高い人間」が求められます。そのような人間を育成しようとしてそれが度をすぎると、個の尊重より集団の発展が重要視され、ひいては生まれつき髪の毛が茶色の生徒に対して黒く染めるように指導するとか、自毛証明を出させるといったことになってしまいます。協調性をはき違え、基本的人権すら踏みにじりかねないところまで行ってしまいます。

野間　まずは自己肯定感が高く、自分のやりたいことを見つけて突き進める人間に育てていくことが結果的に「学術探求」や「経済性」ということにもつながっていくと思います。先ほどお話した、日本では不登校だったけどもグアムに来てやりたかった海洋学に没頭し、その道に進んだ生徒などはまさにその好例です。

吉田　そうですね。総合的に考えると、やはり個性と自由をもっと伸ばす教育が必要です。

野間　大賛成です。是非宜しくお願い致します。

吉田　練馬区には高等学校では私立の武蔵高校という自由な学校があり、大学では日大芸術学部、武蔵野音楽大学があります。3校とも錚々（そうそう）たる人材を輩出しています。練馬区の宝と言うべき学校です。ただ残念なことに練馬区は練馬カレッジトライアングルといってこの3つの大学の学園祭イベントに協力しているのですが、それを知っている区民はほとんどいません。広報の問題でしょうが残念です。

わたしがめざす教育は、自由で創造的な発想を持つ子どもの育成です。その価値をみんなで共有できる社会をつくりたいです。自由な創造性が花開く根幹は幼児教育にあるという説もありますし、わたしは就学前から社会人教育まで、練馬区に独創的な教育が根づいたらどんなにすばらしいかと思っています。

野間　何か具体的な夢をお持ちですか？

すべての子どもたちが夢を持てる社会をつくりたい

吉田　はい。それはまさに現在の練馬区の問題だと感じている子育て・教育の分野における課題を解決することです。まず、第1に児童虐待です。18年3月、東京都目黒区で起きた女児虐待死事件は、社会に衝撃を与えました。19年1月、千葉県野田市で女児虐待死が起きています。児童虐待の事件が報じられると3人の子を持つ身として「なぜあの幼い命を救えなかったのだろうか」と涙が止まりません。防げる術(すべ)があるのなら指をくわえて待っていてはならない。

そして第2に「障がい児の就学支援」です。いまは就学の相談を申し込んでも実際の相談まで長い間待たされてしまうという状況です。子どもはすぐに成長しますし、こちらの都合を考えておきてくれる相談事などはありません。困りごとはある日突然やってくるのです。そのためにも相談体制はしっかりと整えておかなければなりません。「悩んでいる人を待たせない」これは区政としての最低限の責務であるにもかかわらず、残念ながら現在の喫緊の課題です。

野間　そこは行政がやるしかない分野ですよね。まだまだ対応が遅れているのでやるべきことはたくさんありそうです。

吉田　そして、第3に「自由で創造的な教育」です。これまでお話ししてきたように1校の学校を基準に物事を考えるのではなく、多様な学校のなかから自分に適した学校を見つけられるようなシステムを確立したいのです。またそれだけでなく、不登校になってしまう生徒に対して「学校に通うか不登校を続けるか」という二択ではなく、その生徒の状態に合わせたきめ細やかなサポートや適切な教育環境を与えたいのです。もっと子どもは自由でなければならないのです。その先に創造性が育まれると思います。練馬区には日大芸術学部のような本当に自由で創造的な大学があるのですから、いまこそそうした教育機関と協力をして、21世紀の日本を引っ張っていくすぐれた人材を育てたいと思っています。

野間　素敵な夢ですね。それが実現したら子どもたち自身の夢の実現にも大きな支えとなるように思います。いままでさまざまな理由で自身の夢を諦めざるをえなかった子どもたち……。そんなかわいそうなことはもう二度と経験させたくはありません……。

吉田　これからの教育は、大きく変わっていかなければいけません。そのためには、教員の採用方法や研修のあり方など教育行政を根本から見直していくことが必要だと思っています。また、わたしども幼児教育の関係者としても、野間さんたちが築かれたノウハウを取り入れて、新しい幼児教育のあり方をつくり上げていきたいと思います。

昇る朝日が夜を拭い去るかのようにすべての子どもたちが大きな夢を持てる社会をめざします。

本日は、いろいろとありがとうございました。

いつも考えている大切なこと

1．

自由にのびのびと生きること。それを支えるのが行政の役目だと思っている。そのためには行政職員の創意工夫がよく発揮できるようにしなければならない。市民の思いは1人ひとり違っているから、大勢の職員がいてこそしっかり受けとめることができる。1人のリーダーがいくらがんばってもとても及ばない。「3人寄れば文殊の知恵」とはよく言ったものだ。

どんなに頭脳明晰でも、しょせん1人の力には限界があるものだ。ましてその人が間違った思い込みにとらわれたら、行政組織全体がうまく機能しなくなる。だから現場から生まれた発想がどしどし生かせるようないきいきとした職場にしたい。わたし自身ささやかながらガソリンスタンド経営や幼稚園経営にかかわってきたし、その経験からつくづくそう思う。

1人ひとりが自由にのびのび生きることを、どうして支えたらよいか。まっ先にあげたいのは育児や介護などの負担が重い人たちのことだ。わたしは子育てや介護がその人の生き方を過度に制約しないようにしなければならないと思う。子育てが理由でいやいや仕事を辞めなければならないとか、介護のために仕事を辞めなければならないといったことにならないように、きめ細かなサポートをしなければならない。

多胎児を育てている親御さんや、障がいを持つ子どもを育てている親御さんには外からは想像できない苦労がある。非常に大きな負担がかかる。そのため、昔は、障がい児を持つ親は離婚が多いなどと言われたものである。

昨年末わたしは、ダウン症の子どもさんを育ててきたお父さんが本を出したので、そのお祝いの会を企画した。コロナ禍のなか、三密を避けるため細心の注意を払ったのはもちろんだが、40人ほどの人があつまった。子どもさんを仮にAくんとしておこう。Aくんは普通学級にすすまず、特別支援学級にすすんだ。著者の20分ほどのお話しが終わったあと、会場から質問の手があがった。普通学級に通わせたいと希望する親が少なくないが、どう思うかという質問だった。

著者はAくんのばあいを説明した。最初は修学を1年延ばそうかと考えていた。でも保育園で同じ年の子の入学準備が始まると、息子はみんなといっしょの学校に行きたいと望んだ。勉強についていけない心配が大いにあったので、友だちとおなじ学校で普通学級との交流がある教室に通わせることにした、と答えた。どんなコースを選ぶかは親の選択に任せる。でもそのときも本人の希望を大切にしたい。ということであった。そのとおりだと思う。本人の希望を大切にしたい。そのためには選択肢がたくさんあるほうがいい。きめ細かというのはそういうことだ。

70分ほどの短い会だったが、幕切れはとても感動的だった。Aくんはダンスが大好きだ。最後にソロで3分ほどのダンスを披露した。かっこよかった。そのあとお母さんと妹さんから花束の贈呈があった。そしていよいよAくんのあいさつ。お母さんからマイクをわたされたAくんは「おかあさん、おとうさん」と言った。声がつまっていた。

「ぼくを産んでくれてありがとう！」

それからあとはほとんど声にならなかった。マイクから聞こえてきたのはAくんの嗚咽だった。

わたしはあらためて強く思った。障がい児を育てていても、そのことがその人の人生の選択肢を狭めることがない社会にしたい。障がいを持って生まれてきても、その人が思い望む人生を生きることができるような社会にしたい。

それが幼稚園経営にかかわっているわたしが第一に思うことだ。

2.

幼稚園に通ってくる子どもたちの家庭は千差万別だ。おじいちゃんおばあちゃんと三世代同居の家庭もあれば、シングルマザーの家庭もある。しあわせな家族はみんなおなじに見えるけれど、ふしあわせはそれぞれみんな違うというのはトルストイの『アンナ・カレーニナ』に出てくる言葉だそうだが、たしかに人びとの苦労はとても多様だ。だからそれをキャッチするアンテナがたくさん必要である。児童虐待やDVの相談窓口などでも公的なものも私的なものも、多様にあることが望ましいのだ。どれかに一本化しなければならないと考えるのは誤りである。チャイルドラインのように、アドバイスはせず、ただ話を聞くだけという窓口もあっていい。

さて、わたしが言いたいのは、行政職員は1人ひとりみんな、そういうアンテナなのだということである。ただしそれは、ふしあわせをキャッチするというだけのことではない。

人びとの悩みや苦しみをキャッチするだけでなく、地域でおこっているいろいろな活動をキャッチする。その両方に対してのアンテナである。

たとえば厚生労働省が平成14年に始めたつどいの広場事業はとてもよいアイデアだと思う。だから全国に広がっている。けれどもつどいの広場事業は厚生労働省の役人が一から十まで机の上で鉛筆をなめながら立案したのではない。地方自治体や民間のNPOが取り組みをしていて、それを見た官僚が国の事業として取り上げたのである。わたしが言うアンテナとはその官僚が示したような、民間の情報をキャッチする力のことである。

だから、行政職員は上ばかり見ていてはいけない。目が頭のてっぺんに着いていてはいけないのである。いつも地域と密着した立ち位置にいて、地域の動きに目を配り、企業であれNPOであれ当事者団体であれ、これはすばらしいと感じた取り組みが見つかったら、それを応援するのだ。それを応援するために知恵を絞るのが、だれあろう公務員の使命である。

練馬区の人口は75万人弱。福井県や徳島県ほどの人口である。区職員の数は4500人ほど。福井県や徳島県の職員数は1万3000人ほどになる。県庁と区役所では守備範囲が違うから単純な比較はできないし、比較するつもりもないが、住民1人あたりのアンテナの数ということを考えると、大都市と地方では雲泥の差があるのだ。わたしは行政職員の数を増やせと言いたいのではない。大都市にはそれだけの活力があり蓄積があり利点がある。わたしが言いたいのは、４５００人の区職員には、区民に密着した感度の高いアンテナになってもらいたいということだ。

デイケアハウス「このゆびとーまれ」は富山県富山市にある。いつでもだれでもお世話することをモットーに平成5年に始まった。小規模多機能住民参加型のデイケアハウスである。このゆびとーまれの行き方は多くの人びとに共鳴され、いまでは同じようなサービスをおこなっている事業者が全国に広がっている。ＮＰＯ法人このゆびとーまれは、言ってみれば社会システムをつくったのである。

こういう芽は練馬区内にだってたくさんあるだろう。それを見出して、太陽に当て、水をあたえ、大きく育つように支援するのは行政の役目である。それが本当によい事業だと認められたら、いつのまにか全国に広がっていくだろう。そうしたら新しい社会システムができていく。ＮＰＯ法人このゆびとーまれがつくったように、新しい社会システムがつくられていくのである。

わたしは営利事業であれ、非営利事業であれ、活発に仕事がおこされていき、そのなかから新しい社会システムが育っていくのが、単に経済活性化のためばかりでなく、民主社会にとって非常に大切なことだと考えている。

3．

経済に目を転じると、残念ながら日本は久しく停滞している。1人あたりGDPはOECD諸国のなかでも下から数えたほうが早い位置にいる。購買力平価で計算したら、日本人の豊かさは台湾に負けているかもしれない。時間あたり労働生産性もおなじような位置にいて、主要7か国だけでくらべると1970年代以来ずっと最下位である。豊かになったとはいえ、ある段階でずっと足踏み状態が続いているのである。

どうして経済がはかばかしくないのか。わたしは日本人が全体として60年代の成功体験にしがみついているからではないかと考えている。そのうえに高齢化という人口要因がおおいかぶさっているのだ。

この2つの要因に対して、はっきり言って練馬区ができることはほとんどない。2つとも国レベルの課題だ。しかし変化の方向は決まっているから、それに備えて準備することは練馬区でもできる。しなければならない。

まず高齢化から見ていこう。高齢化がすすむと経済成長は鈍化する。いま急速に経済成長をとげている中国も、あと10年もしないうちに成長は頭打ちになるといわれている。1人っ子政策のために急速な高齢化がすすんでいるうえに、未婚率が急激に上昇している。そして出生数そのものが激減しているのだ。

高齢化をどうやって食い止めるか。1つは出産をあきらめる人が減るように、仕事と子育てを両立しやすい社会をつくることだ。これは練馬区もしっかり取り組まなければならない。第2は健康な高齢者を増やすことだ。これもしっかり取り組まなければならない。第3はカナダのように移民を積極的に受け入れることだ。これは国の政策の問題だが、練馬区としては開かれた地域社会をつくるよう努めなければならない。オープンで、分けへだても偏見もない、親切な地域社会をつくらなければならない。

では次に成功体験の記憶からどうやって決別するか。これも一区役所の手に負える問題ではない。しかしそのための下地を準備することはできる。第1は教育である。のびのびとした子どもを育てて、ユニークな考え方をする人材を育てたい。さいわい練馬区には日大芸術学部や私立武蔵高等学校のように自由な教育によってすぐれた人材を輩出しているすばらしい学校がある。練馬区の教育に新しい風を吹き込みたい。それにもうひとこと。教育の場は学校だけではない。練馬は少年サッカーが盛んだ。将来Jリーグで活躍するようなスポーツマンを応援したい。自分が好きなこと、得意なことに打ち込む場をつくりたい。そしてそれで生きていく。子どもたちにそんなチャンスをつくりたい。そして第2に世代交代をうながして老害をなくすことだ。第3にすでに述べたことだが、区役所職員の創意工夫を奨励することだ。

わたしは東京都内の市区町村が協力し合って、児童虐待などに対応できる人材を養成する学校を設立したいと考えている。10年ほど前に、航空会社を設立したいと考えて、いろいろと勉強したことがあった。実現はしなかったが、あのときはとてもいい夢を見たと思っている。今度の夢はもっといい夢だ。いま児童相談所は人材がいなくて困っている。人材がいなければ人材を育てればいい。現状に甘んじないで、一歩一歩、前を向いてすすみたい。これも成功体験からの決別である。

吉田健一対談 2

対談者 洞（ほら）駿（はやお） さん

スカイマーク代表取締役社長執行役員

民間のよさをどう行政に生かす

洞 駿（ほら　はやお）さん　プロフィール

1947年11月１日生
1971年７月　東京大学法学部　卒業
1971年７月　運輸省入省
2001年７月　同自動車交通局長
2002年８月　同航空局長
2003年７月　同国土交通審議官
2007年10月　全日本空輸株式会社　常勤顧問
2011年６月　同代表取締役副社長執行役員
2014年４月　ANA ホールディングス株式会社　常勤顧問
2020年２月　スカイマーク株式会社　代表取締役社長執行役員（現任）

航空会社をつくりたいと思い立ったときのこと

吉田　洞さんと知り合ったきっかけは4～5年前のゴルフコンペでしたね。

洞　ええ。とある国会議員の先生のゴルフコンペでした。

吉田　当時、わたしは航空会社をつくろうとしていたのです。そんなときに洞さんと知り合うことができたので、図々しく相談させてもらったのです。

洞　特殊な航空会社をつくろうとされていましたね。

吉田　高齢で介護が必要な方は簡単に飛行機に乗ることができません。そこで、座席を少なくして、医者や看護師も帯同させ世界中を回ることができる飛行機をつくれば、富裕層の方々に需要があるのではないかと思ったのです。そのときは会社までつくって、厚かましく何度も全日空に押しかけて専門の方にご指導いただきました。さまざまな方と検討を重ねた結果、この事業では成功は困難だとみなさんに言われました。

洞　非常にユニークな事業だと思いましたが、やはりやる以上はビジネスとして成り立たないといけない。お金をふんだんに払ってくれるお客さんを抱えればできるかもしれないが、その顧客を一定数抱えて、恒常的に回していくというのはなかなか難しいと思いました。だからわたしは「やめとけ」と言ったのです（笑）。

吉田　いま振り返るとやめておいてよかったです（笑）。最低でも10億円規模の初期投資が必要ですから、失敗していたら再起不能だったでしょう。

洞　そもそもなぜそういった事業を考えたのですか。

吉田　それは単純で、飛行機を飛ばしたかったのです。普通に飛ばしたら大手には到底かなわない。そこで、だれも扱っていない「介護が必要な旅行者向け飛行機」をつくったら勝機があるのではないかと思ったのです。ただ、あのまま強行していたら人生棒に振っていましたね（笑）。

洞　志はたいへん素晴らしいですが、商売としてやっていくのはやはり難しいですね。航空会社のほかにも何かやろうとしてませんでしたか？

吉田　宮古島におなじ発想のホテルをつくろうと思いました。２０１９年3月、宮古島に下地島空港ができたときでした。ホテル建設も飛行機事業と一体として考えていました。スカイマークさんはこれから就航する予定ですよね？

洞　２０２０年10月25日から下地島に羽田空港から定期便を飛ばし始めました。宮古島にホテルをつくるというのは悪い話ではなかったですね。

吉田　いま、宮古島はたいへんな観光ブームがおこっていて、すごい人気スポットになりましたよね。あのままやっていたらそれは成功したかもしれません。

洞　もっとも今年はコロナでたいへんな目に遭っていますが。

吉田　下地島はもともとパイロット養成のための訓練用の空港でしたね。

洞　そうです。下地島の訓練飛行場としてあったものです。それまでは下地島というのは宮古島からフェリーで行くしか手段がなかったのです。そんな不便だったところに宮古島と下地島をつなぐ長い橋が掛かった。それに合わせるように下地島の訓練飛行場に三菱地所が投資して、民間のターミナル会社を設立し、民間航空を誘致しました。そこでわが社が飛びついた。コロナ禍でも利用率が高く、驚きました。

吉田　宮古島は土地も高騰していて、バブル状態になっていますね。

公務員は安泰か？

吉田　洞さんは国土交通省のキャリア官僚として航空業界に精通していらっしゃった。その後、全日空に役員として入られ、民間も経験された。わたしは素人ながら航空業界に参入しようとしたので、知識経験を誇る洞さんのお力を借りたいと思ったわけです。でも、結局はゴルフとお酒を飲むことに重点が移ってしまいましたね（笑）。

洞　吉田さんが政治に関心をお持ちであることは前々から知っていましたよ。だから、まだかまだかと出馬するのを待っていたのですけど（笑）。

吉田　官と民を両方経験された洞さんから、その違いについておうかがいできればと思います。たとえば、最近もコロナ不況で会社が倒産したり、何とか経営できても今年のボーナスがゼロになった企業についての報道が日々ありました。わたしもガソリンスタンドを経営していて、15～20年前にキツイときがあって、ボーナスをゼロにしたことがあります。でも、翌年多少業績が回復したからといって、じゃあボーナスをあげましょうとはならないのです。一度ゼロにすると、経営者も従業員もそれが当たり前になってしまうからです。

結局ボーナスを復活させるのに5年以上かかりました。でも、そういうことは公務員にはないですよね？

洞　公務員の給与というのは人事院勧告ですからね。人事院が民間の雇用状況を勘案し、給与ベースをボーナスも含めて判断し、勧告します。大まかに言えば民間の景気と連動して上下します。ですから、今年は公務員のベースアップはゼロです。

吉田　なるほど。でも、民間にくらべるとコロナの影響は少ないですよね。

洞　公務員の賃金にふれる前にわが社に関して言うと、ボーナスは「当該年度の営業利益の3割をボーナスとして社員に還元する」ということになっています。営業利益というのはその年の12月のボーナスと翌年の夏のボーナスの原資となります。今年度の見通しは当然ながら赤字確定なので、今年12月のボーナスはゼロで、来夏も間違いなくゼロでしょう。他社はボーナスも生活給の一部になっているところもあります。そうした企業ではゼロにはならないけど、それでも業績に連動して大幅に減ることでしょう。

吉田　そうすると、スカイマークのボーナスはこの1年に関してはゼロで、検討の余地はないということですね。

洞　単純に赤字で営業利益が出てないのでボーナスは出せない、ということです。ただ、こういう時代ですから、社員には経営状況を説明しないといけない。説明会を4回開いて理解を得る努力をしました。そのあとも全国の支店を回って、現場社員の人たちと直接意見交換をしています。

吉田　やはり経営陣が責任を持って労働側に対して直接説明をすることがだいじですね。

洞　こういうコロナという先の見えない苦しい状況ですからね。皆が不安となる。そういうときこそ自分の会社の役員が何を考えているかをちゃんと伝えるとともに、従業員は何を不安に思っているかもしっかり聞き取ることが必要だと思います。そうやってしっかりとしたコミュニケーションを取っていくことが何よりも大切なのです。

吉田　一方、公務員は世の中がコロナでたいへんであっても、給料が大幅に減るということはないじゃないですか。民間にいるとそれこそ4か月分もらっていたボーナスが一気にゼロになったり、最悪の場合はリストラや会社自体が倒産してしまうなどして失業してしまうことすらあるわけです。安定した給与と雇用が確保されている公務員が、本当に世の中の困っているという感覚がわかるのかと疑問に思います。

洞　まず誤解をされては困るのですが、不況のときには公務員も給料は減っています。わたしが現職だったころはバブル期とも重なり、応分に上がっていった。いまの現役の皆さんは当時のわたしたちとくらべてはるかに給料が低いです。それは民間の給与が減っていて、連動して人事院勧告で給与が減っているからです。それから、公務員は争議行為ができないので、黙って仕事をするしかない。民間であればストライキも可能ですが、公務員は職務上それができない。その代わりに身分を保証する機関として人事院がある。人事院が機能している限りにおいてはそこでバランスが取れていると思います。それから、公務員は人が減らないかというとそうではなく、定員削減でどんどん減っています。政府の役割が大きくなると新規事業でそれに見合っただけの人の手当てがある。だから減っている分もあるけど、純増も含めると少し増えているのが実態です。

吉田　わたしの問題意識としては、コロナのような経済にも甚大な被害を及ぼしたとき、公務員は民間よりも現状に対する危機意識が薄いのではということです。繰り返しますが、大幅なボーナスカットやリストラもない。

洞　それはもちろん官と民では全然違いますね。役所を辞めて、全日空に入ったとき、いきなり給料カットから始まりました。給料が元に戻ったのは役員最後の年でした。そのときはリーマンショックだ、構造的な問題だ、と色々な問題が発生していた混乱期でした。今回のようにコロナのような問題があると、たとえ給料は減らなくても昇給はない。それどころか企業の存続そのものが危ぶまれる状況です。そんな過酷な状況にまで公務員は陥りません。民間は明日にも潰れるかもしれないというたたかいを強いられますが、公務員がつぶれるのは民間のすべてがつぶれた最後のことでしょう。その点では民間のほうが当然リスクはあります。

吉田　なるほど。要するに国がつぶれるくらいのことがないと公務員がつぶれることはないわけですね。

屋内人工スキー場に風速計を設置したときのこと

洞　もともと期待されている役割が違うわけです。当社の場合は民間企業なので儲かってナンボです。利益を上げないと話にならない。一方、公務員というのは、利益第一ではない。国民や住民に対して適切なサービスをすることに主眼をおいてます。つまり、目的が違うわけです。

吉田　自治体は儲かることではなく、皆さんのお役に立つことがだいじだということですね。つまり、世の中の求めに応じた政策を実現すること、新しい制度をつくることこそ地方自治体、そこに勤める公務員の仕事だと。

洞　わたしも役人時代は政策の立案、実現、実施に生きがいを感じてやってきました。もちろん、民間だって近年はＳＤＧｓのように、社会への貢献が求められています。自分の会社の利益だけを考えていては投資家も相手にしてくれない時代です。ただ、一義的には自分の企業が発展することで世の中に貢献することですが、いずれにせよ公務員とは違いますよね。

吉田　官と民とで役割が違うというのはわかるのですが、行政にかかわるときに、ときたま本当に住民のほうを向いているのかと疑問に感じます。「住民ファースト」ではなく、上司や首長のほうを向いているのではと思うことが多々あります。

洞　組織の末端というと言葉は悪いですが、現場近くになってくるとどうしても決められたかたちに従って機械的に処理していく業務が中心になってくる。そうなると自分自身での裁量の余地はないに等しいでしょう。住民サービスというのは人それぞれ異なるきめ細かな対応が必要になる。そうした弾力的なニーズに対して応えるというのは、役所として認められない部分が大きい。そういうのを認めるシステムになってないから、住民からしたら自分たちのことを向いてくれてないように感じるのではないでしょうか。

吉田　しかし、それは組織的な要素が多いのではないでしょうか。上の人たちの組織運営が現場に強く影響を与えているように思います。

洞　実際にそうなりがちですよね。現実問題として、いちばん上の人は頭が弾力的なことが多い。だから、上の人に一気に話をしてしまうというのはよくある話です。逆に下から積み上げていくと「これは法的に認められていない」「前例がない」などと言ってすすまない。できる可能性を探すのではなく、できない理由をいくつも見つけ出す。

吉田　得てして融通が利かないだけなのですね。そのようなことは役所にいたときに痛感しましたか？

洞　そうですね。役所にいたときにこういうことがありました。昔、船橋にザウスという人工スキー場がありました。スキー場にあるリフトの監理監督は運輸省が担当していたのですが、そのマニュアルには「スキー場のリフトには風速計をつけなさい」とある。でも、屋内スキー場なんて当然、風は吹かないわけですよ。それなのに、現場の人たちは風速計をつけるよう指導したという笑い話もあります。マニュアル人間なのでまるで融通が利かない。

吉田　現場の人間がおかしいと思ったらなんで直さないのですかね。目的を見失っているとしか思えません。

洞　うちも飛行機の整備をしているときはがんじがらめですよ。しかし、マニュアルでカバーできないことが発生したときにどういう行動に出るか。そこが重要だと思います。そこを臨機応変に安全に確実に処理できるにはどうするか。それは日頃から訓練しなくてはできないと思います。

吉田　組織の体質はトップによってずいぶん変わると思うのですが、それだけにいくら職員が意欲的で視野が広くてもトップによってはそれが生かされない。首長が歴代、行政あがりの人だと、一度でき上がってしまった組織風土がなかなか変わらないと思います。中堅クラスまで、それに染まってしまいますからね。やる気があっても萎縮してしまう職員がたくさん出てきます。仕事が減点主義になり、機械的になり、住民に対してこころの通う対応ができなくなると思います。こういうことは変えなければなりませんね。

洞　たしかに下から「マニュアル至上主義」で課長になってしまうと、それは変わらないですよね。外部から、他分野から、違う発想を有する人を混ぜていかないと活性化はしない。

吉田　マニュアルにさえ従っておけばいい、という文化になってしまっているのが問題の根源ではないでしょうか。

洞　わたしは港区に住んでいますが、住民に優しい役所になっているなと思いますよ。

吉田　会社が多く、住民が26万人とそれほど多くはないですね。

洞　目が届いている印象があります。

吉田　わたしは練馬区でガソリンスタンドや幼稚園を運営していますので、役所とはそれなりのつき合いあります。役所の担当者と話をしていると、担当者は非常に親身に考えてくれるのですが、結論は前例がないということになることがよくあります。そういうものなのですかね？

洞　そんなことはないはずです。ただ、組織人間としては安全運転にいきがちです。上司はフォローしてくれないでしょうし。そういう人は部下の失敗もカバーしてくれないでしょう。上司として尊敬もされないし、リーダーシップをとって何かをやろうとしてもついてきてくれる人もいないでしょう。

吉田　組織の体質というのは長い時間かけて知らず知らずのうちにつくり上げられてしまうものだと思います。そして一度つくられたものはそれが現状に合っていなくてもなかなか変えられない。とくに役所はその傾向が顕著だと感じます。それを変えていくのがトップの役割だと思います。

３６０度評価で組織は変わる

洞　組織的な問題であれば、そういうムードは変えていかないといけないですね。うちの会社では人事評価のなかで３６０度評価を設けています。下からも上からも評価させる。それで点数の高い人はどんどんあげていく。そうするとずいぶん違いますよ。

吉田　それもそういう評価形式を取るということをトップが決めないとそうはならないですよね。

洞　もちろんです。でも、３６０度評価を導入すると確実に見る目が変わってくる。たいてい、部下に評判の悪い人は上から見てもダメですね。組織の意思疎通ができない。部下の不平不満をしっかり察知して適切に対処できる人は当然ながらいい評価を得るわけですが、そういう人は得てして仕事ができる。

吉田　ただ、公務員の場合は管理職試験で上がってしまいます。これでは単純に試験ができる人が上に来てしまう。

洞　それは全然ダメですね。試験もいろんな試験があったほうがいいです。いろんな角度から評価して、昇進するようにすべきです。

吉田　市区町村でも評価のやり方を変えられるはずですよね。それと管理職を嫌がって手を上げない人も多いと聞きます。これでは組織の硬直化を招くのではないでしょうか。

洞　管理職というのはしんどいしね。出世をせずにのんびりしたいという人も多いかもしれませんね。

吉田　役所はマイナスになるのが嫌で、プラスにならなくても目立たないようにすると聞きますが、そういう気風はあるのですか？

洞　ありますね。減点主義ですからね。最近でこそちょっと変わりましたが。ただ、この人はやり手だという人はリスクを負ってでもやりますけどね。ある一定のところまでは減点主義であってもそれ以上になる、局長クラスになるにはそれだけではダメです。みんな試験受けて通ってきている。われわれだったら同期全員が国家1種試験に通っている。そのなかで組織でうまくやれれば、本省の課長くらいにはみんななれます。でも、そこから上に行くのは仕事ができる人だけです。わたしはマニュアル人間ではないので、いままで人がやらなかったことも自分から全部やっていった。わたしはそうやってプラスの点数をもらい、局長にもなれたと自負しています。

吉田　減点主義をなくして、そうした加点をした人しか上にいけないという仕組みにするにはトップが変わらないとできませんよね。

洞　それはそうです。勤務評定のやり方を変えればいいだけです。360度評価を導入したら、最初は上司が部下のご機嫌をとるかもしれないが、そんなのは部分的な話です。

吉田　20年くらい前から地方分権の時代と言われていますが、地方分権という意味での自治体の位置づけをどう思いますか。わたしが思うに、国と市区町村の中間に位置する都道府県庁がいちばん頭が硬いと思います。国家公務員は大胆にいろんなことを試みる。市区町村もそれなりに柔軟です。練馬区と東京都の関係でいうと、国の方針に対して東京都の支配力が強く壁として立ちはだかるということがある。区役所は権限があたえられず、都の指導に従うしかないことも多いと思います。都の職員だった人が区長になって、課長も都からきているということになると、都が区の自主性の前に立ちはだかるという構図になります。区役所のもっている基礎自治体としてのよさを抹殺し、区職員のやる気を押しつぶしてしまうことになりかねません。

都庁職員にポストを占められていたら自治ではない

洞　わたしは地方自治体に行ったことがないのでわかりませんが、行きたかったですね。現場の第一線で行政をやるというのは醍醐味です。わたしは運輸省でしたが、自治体の交通関係の課長などで出向した同期もいました。他の省庁とは違うでしょうが、自治体から来てくれという要望を受けていました。

吉田　そうやって自治体に派遣することでどういうよい影響があるのでしょうか。

洞　たとえば交通関係というのは権限が自治体にあんまりないのです。地方の運輸局や国が権限を持っています。そこで中央から来てもらって、やってもらいたいことを伝えたり、ノウハウを知りたいという要望があった。国もそういうところに優秀な人間を送り込む。それで地方が要望して、それに応えていく。そういう意味では持ちつ持たれつな関係でした。

吉田　なるほど、そういうのはたしかにプラスの効果もありそうですね。上の団体とのパイプを築くには人材的な交流は必要ですね。

洞　自治省は総務部長とかが財政の上のポストとか出していくというのは国とのパイプがあることで予算を取ってきたいという狙いがあります。それは地元にとっても得で、自治省にとっても地方自治体という縄張りをしっかり抑えられる。双方の思惑があるのです。ただ、一方では地元のノウハウを持った人が育ちにくいという面もある。

吉田　そうですよね。練馬でいうと、介護保険計画をつくるところは東京都から来る人ばかりで、練馬の人が育たない。高齢者問題といういちばん身近な問題なのに、東京都からしか人材が来ないというのはいかがなものかと思います。

洞　それは変えられるし、変えていくべきです。おそらく交渉で変えられる余地があるはずです。自治体がやっている事務は固有の事務で、自治体が立案してやる事務と、法律で決まっていることを自治体に任せてやる事務とある。そういうのにおいては、真ん中にある東京都の人はまったく裁量の余地はないわけです。区の立場に立つと、住民と直接接しているのでニーズがわかる。反応や対応が迫られる。それでうまく対応できないときに、真ん中の東京都は中途半端な位置にいるのです。

吉田　東京都はなくてもいいという人もいますね。国に直接聞けばいいということになる。東京都が財政的にもすごい自治体なので、国にも対抗するくらいなので、そこがどうしても23区に対してもいろんな影響力を及ぼしてくるという感じがします。お金の分配も法律で決まっている。それなのに東京都のほうばかり見ている。そういう印象があります。東京都のために練馬区のポストを空けているという意識もあるのではないかと思うことさえあります。そこをトップが変えるのは簡単なはずです。

洞　ただ、東京都とはうまくやったほうがいいでしょう。いまの都知事と喧嘩すると、予算の割り当てが少なくなるとかあるのかもしれない。ないとは思いますけど。とかくこの世は喧嘩するよりは仲良くしたほうがよい。

吉田　予算の割り当てという点で言うと、予算がちゃんと使われなかったという例もありますね。

洞　予算というのはどれくらいのニーズがあって、それを積み上げていくのが概算です。ニーズの実態がないのに予算をつけたらそうなってしまう。そういうのは滅多にないですが、政治家のパフォーマンスでつくって予算が残るというのは最近の状況です。

洞　見せかけで中身のない政策が多い。それを実施しようとすると、細部が詰まってないから混乱し、みっともない状況が散見されます。

吉田　このコロナ禍での政策はとくにそうですよね。GOTOトラベルはまさにそうです。

当初は合宿免許や出張まで対象でしたが、批判を浴びると即、対象外とした。

洞　開始当初は東京を除いていましたが、1400万人も暮らす首都を除いたら効果は半減します。こういうときだからこそ、もうちょっと細部を詰めてやればいいと思うのですが、あまりにも政治家の人気取りでことを急ぎすぎてしまう。

吉田　コロナだから何でも通りやすいということはありますよね。マイナンバーにしても、もともとあって、使い道が乏しいから普及しなかった。マイナポイントで5000円分あげるから登録せよ、と。練馬区役所でもマイナンバーの申請ために大行列ができていました。しかし、その財源はどこから出るのか。結局は国民の税金じゃないですか。

洞　本当にバラマキが多いですよね。バラマキというのはもっとも愚策です。それに対する効果が出てこないといけないのに、効果は出ないし、だれも責任取らない。こんな馬鹿な話がありますかね。

吉田　プレミアム商品券もそうですよね。印刷代だってかかるのに。アイデア出した人が手柄欲しいからですよ。これも全国的にやっています。ふるさと納税もそうです。結局、税金なのであとから別のかたちで取られる。それに気づかないなんて。

洞　そうです。変な話、広い意味での長期的な帳尻の計算や、公平性の確保とかそういった議論をあまり耳にしない。GOTOトラベルだって、旅行産業にとってはお金が落ちていいということなのでしょうが、公平な政策なのか疑問も残る。

吉田　だいたい金持ちが得するようになっていますよ。

洞　高級ホテルに泊まればそれだけ割引率も高く、プレミアム商品券も何千円と割り当てられてすごいお得感がありますよね。

吉田　でも、結局はそのために自分で税金を払うと思うと……。政治家のパフォーマンスにつき合っているだけという感じですよね。ちょっと考えるとわかるはずですが。政策そのものに知恵がありません。

洞　全体のバランスが歪ですね。これに対しておかしいという声がマスコミも含めて少ないです。

吉田　コロナ対策の問題は緊急事態という名目で何でも許されてしまっていることです。でも東日本大震災のときも、結局、復興税というかたちでそのときの負担を払っている。今回は東日本だけでなく日本中でこれだけの甚大な被害を受けたので、復興税の10倍くらいになるのではないか。所得税は相当上がるのでは。

洞　結構高いですよね、復興税は。

吉田　ＧＯＴＯトラベルは飛行機会社にとっては恩恵があったのですか？

洞　おかげでお客様は戻ってきています。８月は例年の４分の１しか戻ってこなかった。いちばんの書き入れ時なのに。５月の連休はほぼゼロでした。93％減でした。それが、ここのところＧＯＴＯトラベルのおかげで戻ってきて10月に入って半分は超えました。11月は半分以上は行くでしょう。ＧＯＴＯトラベルは航空業界にはありがたかったが、一国民として見ると本当にこれでいいのかという思いもあります。

民間では当たり前のこと

洞　トップの行政に対する、区民が行政に対して求めているニーズにどう応えていくかというビジョンを持っているかどうかで全然違ってくる。そういう意味でおなじ人がずっとおなじルートで上がってくる体制になると組織として新陳代謝もありません。血液が滞留して改革はまったく期待できない。組織の改革は人を変えていくこと。人事を回していく、優秀な人間を引き上げていく新陳代謝を促す仕組みが必要です。

吉田　公務員の新陳代謝を促すうえで、どんな手法がありますか？

洞　最近の国家公務員の例を見ると、外部の登用、任期つきで一定のノウハウのある人を採用するというのはいまや一般的です。それから民間との人事交流。役所と民間は文化が違うので、まったく違う発想も入ってくる。外から自分の組織を見るといい部分も悪い部分も見えてきて意識の覚醒も期待できる。このようなやれることは何でもやるべきです。

吉田　そうしたことは、自分はずっと民間にいたのでそんなのは当たり前のことです。普通じゃないか、としか思わない。360度評価も当たり前のことです。

洞　わたしは社長も首長も同じだと思います。おかしなことはあっても、工夫して変えることができる。トップには工夫できる発想力、行動力が必要なのです。

吉田　練馬区で3000人はいる職員に対して意識改革をするには区長からの強いメッセージが必要ですよね。民間というのは日々変えるというのが仕事で、民間で現状維持というのはありえないことです。一方、行政に関しては変えないほうが評価されるのかなとすら思います。民間ではそれでは回らなくなる。

洞　吉田さんが住んできる練馬区というのは75万人の大地域ですから、いろんな期待や課題がいっぱいあると思います。そこを的確にタイムリーに処理していくというのはすごくエネルギーのいることです。吉田さんはそれを実行していくうえでの資質を十分に持っていらっしゃると思います。型にはまらないで新しい仕事でも果敢にチャレンジしていく精神をお持ちの方なので、新しいことにチャレンジしてみたらどうですか。

吉田　ご期待に添えるように頑張ってみます。本日はありがとうございました。

吉田健一対談 3

対談者 平 将明 さん

衆議院議員

デジタル・ガバメントと日本の将来

平 将明（たいら まさあき）**さん　プロフィール**

1967年２月21日生
1989年３月　早稲田大学法学部　卒業
1996年11月　大田青果市場の仲卸会社三代目社長（家業）
2003年１月　公益社団法人東京青年会議所理事長
2005年９月　衆議院総選挙に初出馬初当選《現在５期目》
2012年12月　経済産業大臣政務官兼内閣府大臣政務官
2014年９月　内閣府副大臣（地方創生、国家戦略特区等担当）
2016年９月　衆議院環境委員長
2019年９月　内閣府副大臣（防災、IT 政策、行政改革等担当）
2020年10月　自民党内閣第二部会長《現任》

日本はＩＴ化に遅れをとった。各国との状況の相違

吉田　平君とは中学高校大学と同級生。いまや押しもおされもしない国会議員で、ＩＴ政策に精通しているらしい、というわけでお話をうかがいにやってまいりました。もともとＩＴというのは、われわれが大学のころはまだなかったね。

平　大学生のときは携帯電話もなかったし、社会人になってからWindows95が出て大きな話題になったけど、多くの人はあれって何なのかね、という程度だった。

吉田　それで生活が成り立っていたのが何だか不思議に思うよ。その反面、いまは凄いスピードですすんでいる。そこでＩＴ担当の平副大臣（※1）に、行政のＩＴ事情についてお話してもらいましょうかね。

※1　2019・9〜2020・9　第4次安倍第2次改造内閣　内閣府副大臣

平　はい。

吉田　この10年、ＩＴ、ＩＴと言われながらあんまりすすんでいないと思うね。わたし自身

は新しい物好きで、マイナンバーカードもいのいちばんに取ったんだけど、どうも役所はマイナンバーカードも使いこなせていないと感じる。副大臣のお考えはわたしとおなじか、それとももっとよい使い道があるのだというものか、どうなの？

平　デジタル・ガバメントというのはかなり前から言われてきた言葉ですよ。それをめざしましょうと言ってずっとやってきている。でも今回のコロナ禍で、まさに吉田の言うとおり、日本は全然ＩＴ化がすすんでいないと言われている。

吉田　海外からも、日本はいまどきペーパーに手書きで判子を押してＦＡＸで送っていると言われている。

平　そういう意味では、コロナ対応に追われている政府の側から見ても日本の行政のＩＴ対応は遅れている。だからこれから「ウィズコロナ」「アフターコロナ」ということを考えたとき、デジタル・ガバメントはさらにすすめていかなくてはならない。

吉田　技術的なハードルがあるかな？

平　いやいや。日本はテクノロジーが遅れているわけではない。自動車や電子部品や素材、宇宙開発でも日本は世界から高い評価を受けている。何が問題かというと、デジタル・ガバメントで言えば２つある。１つは構造的な問題、もう１つは国民の意思・意識の問題だ。

吉田　たとえば？

平　台湾で、オードリー・タン（唐鳳）氏というとても若いＩＴ担当大臣が出たね。彼は本当に天才的なＩＴの専門家と言われている。彼はコロナ対策でマスクを国民１人あたりに割り当てて、そのマスクが自分のいる位置から近い薬局にどれほどの在庫があるのかを見られるようにした。基本的な仕組みは政府が用意をして、インターフェイスのところは多くの民間の人たちが創意工夫をして実現したんだよ。

吉田　それがどうして日本ではできないの。

平　大臣の能力や資質みたいな話になりがちだけど、よくよく考えてみると状況が違う。台湾の人たちは全員がＩＣチップの入った保険証カードを持っています。日本で言うならマイナンバーカードだが、日本は現在で16％（２０２０年９月時点／２０２１年６月申請ベースで５０００万件超え）しか普及していない。マイナンバーカードのＩＣチップを使ってマスクを割り当てること自体はそれほど難しいことではないと思う。

吉田　ふーん。

平　またアメリカでは、所得の低い人たちの口座に、申請なしで政府が一律にお金を振り込むということをやった。日本は申請しないともらえない。その申請も、銀行口座の記入に間違いがあったりすると、とたんに目詰まりをおこしてしまう。

吉田　アメリカ政府は国民の社会保障番号と銀行口座番号を把握していることも大きいよね。

平　そうだね。一方日本は国民の複数の情報を紐づけ把握し、それを使って何かしようという体制にはなっていない。逆に言えば個人情報がとても手厚く護られていて、外国のように政府から監視も干渉されないと言うこと。

吉田　だからマスクの配給割り当てや無申請での給付ができない？

平　そう。そういうことを考えると、テクノロジーの問題ではなくて、構造の問題であり、国民の意思や意識の問題とも言える。もっと言えば政治家の意識の問題とも言える。

吉田　君も含めてな。

平　吉田くんも含めてね。

国と自治体の間の「目詰まり」

平　行政のなかにＩＴ化がわかっていない人がいると目詰まりをおこす。たとえばこの間の10万円の給付についていえば、できる人はマイナンバーカードをスマホで読み取ってログインしてマイナポータル（※2）というページに行って申し込むと、それで完了。便利だよね。

吉田　そうだね。わたしもそれでやったよ。

※2　マイナポータル（行政機関とのやり取りができるウェブサイト）

平　それでその申請データをデジタルデータで自治体に渡す。受け取った自治体は、住民基本台帳というデータがあるので突合（とつごう）をする。それで間違いがなければ給付することになるわけだ。このときに、J-LIS（地方公共団体情報システム機構）という組織から突合のソフトも自治体に配ったと政府のIT戦略室から報告があった。

吉田　申請情報をデジタルで渡したのだから、自治体にある住民基本台帳のデータもデジタルで存在するのなら、デジタル同士ソフトで突き合わせればいいわけね。スムーズだ。

平　ただ自治体のよってはデジタルで渡したデータを紙にプリントアウトしてチェックしているというところもあった。それだと二度手間になってかえって業務量が増えてしまう。つまり「デジタル⇓デジタル」で突合ならいいが、「デジタル⇓紙⇓デジタル」というようにあいだに紙が挟まってしまうと、IT化した意味がなくなるどころかむしろマイナスに働く。

吉田　それは救いようがないね。

平　今回の場合、準備ができていた自治体もあるし、そうでない自治体もあったし、政府も準備不足だったということもあった。しかし、いまここでデジタル・ガバメントとはどういうものか、どうやったら紙を挟まないでできるか、システム全体のどこにボトルネックがあるか、ということをちゃんと俯瞰して確認しておかないと、地方自治体から政府までを巻き込んだ、国民・住民にとって便利さを実感できるデジタル・ガバメントはできない。

吉田　なぜそんなことがおきてしまうの？

平　政治家は高齢の人も多く、日ごろから主体的にＩＴを活用していないこともある。デジタル・ガバメントで言えば、主体が複数にわたるわけですよ。政府があり都道府県があり市町村がある。「この仕事は都道府県」「この仕事は市町村」というように分かれてしまうと、全体のシステムの生態系がつくれない。全体のシステムをつくるには各レイヤーの主体がビジョンを共有したうえで、どこに問題があるかということを見ながら進めないといけない。

新型コロナウィルス接触確認アプリで見えた国民の漠然とした不安

吉田　少し視点を変えよう。ＩＴ化をすすめるとき、最終的には皆が参加するかしないかという大問題がある。多くの人が危惧しているのは個人情報が洩れることだね。ありとあらゆるところで個人情報が流出している。とくに相手が政府となると、多くの人は情報が漏れないか気になる。政府はどう考えているのか？

平　まずは「何となく怖い」という人たちの不安を解消することがだいじ。

吉田　「何となく怖い」というのは何が怖い？

平　個人情報の流出に対する懸念だと思います。たとえば、「新型コロナウィルス接触確認アプリ」というのをわたしが事務局長を務める内閣官房のテックチームで仕様書を作った。

吉田　あれね。浸透度がイマイチなやつね。

平　仕様書をつくって厚労省に渡し、開発運用しているんだけど、いろいろ課題もあり厚労省において改善に向けて善処中です（汗）。ただ、１つ確実に言えることは、個人情報が漏れるのが怖いからアプリを入れないという話も聞くけど、そもそもこのアプリは個人情報をいっさい取っていない。

吉田　そのようだね。でも普通の人は意味がわからないよね。

平　そうかもね。吉田くんのスマホとわたしのスマホの両方にそのアプリを入れる、そのときにはわたしも吉田くんも、名前も携帯電話の番号も何も入れない。ただ1メートル以内に15分以上いっしょにいたら、わたしを表す記号が暗号化されて吉田さんの端末に残り、吉田くんの記号が暗号化されてわたしの端末に残るという仕組みなんです。

吉田　うん。それで？

平　それでその情報が残る2週間のうちにアプリを入れている人が自分で陽性患者になりました、という保健所から出される処理番号の登録をすると、あなたたちは濃厚接触者ですよと連絡が来るようになっている。

吉田　名前も電話番号も位置情報も取らないから、接触確認アプリは個人情報保護法上の個人情報は何も扱っていないと。

平　そうなんだ。マスコミも決まり文句のように政府のデジタル系の取り組みについては「個人情報の扱いに懸念も」みたいなことを中身も確認せずに垂れ流すから、多くの人が世の中の何となく怖いというムードに流されてしまう。この間も国会質疑で、ある野党議員が「わたしはマイナンバーカードを持っていません、理由は何となく怖いからです」と言っていた。国会議員ならどこが怖いのか指摘をしてもらいたいが、何となく怖いからと言われたら議論にもならない。

吉田　こう言っちゃなんだけど、政府の信頼がそれだけ低いと言うことも大きいね。情報の改ざん疑惑とか、公開しないとか、不信を掻き立てることがけっこうあるからね。

日本のＩＴテクノロジーは遅れていないのだが

吉田　ところで技術的な問題をきちんととらえたうえでの懸念があるとすれば、やはりセキュリティの問題かな。

平　世界共通の課題だね。セキュリティとサイバー攻撃のせめぎあいだ。向こう（攻撃側）に上に行かれないようにしなくてはならないので、こちらもきちんと防御の仕組みを更新していかなければならない。マイナンバーカードのＩＣチップに搭載している電子証明書の更新が5年ごとになっているのもセキュリティの観点から。また、政府にはＮＩＳＣ（内閣サイバーセキュリティセンター）というサイバー攻撃対策の司令塔組織があり、世界最高水準のサイバーセキュリティ水準を確保すべく世界の関連組織や日本の重要な産業界とも連携しながら活動している。よくゼロリスクですかと言う人がいるが、他の分野同様にITの世界でゼロリスクはない。ただ他国と比べてもかなりセキュアにやっていると思う。そこはある程度信頼していただいて。

吉田　紙でもHDDでも持ち帰ってしまえばおなじだし、リスクはあるからね。

平　紙だとのぞき見しても記録は残らないが、デジタルだとログが残る。日本だけが怖い怖いと言ってITを活用せず、気合いとアナログ対応で乗り切るのはもう無理。なぜ台湾みたいにマスク配布など迅速な対応できないんだという野党議員に限って、マイナンバーカードは何となく怖いので持っていませんと。これじゃあ台湾のような対応はできません。

吉田　それはそのとおりだ。

平　今回新型コロナ対応ではっきりしたことは、日本はITのテクノロジーでは後れをとっていない。けれどマイナンバーカードの普及や自治体連携などの体制整備は遅れているということだ。まさにデジタル・ガバメントの問題ですよ。コロナ対応で世界のデジタル化の水準や常識というものを多くの人は良く理解したと思う。やはり世界水準に向けてすすんでいくのかなと思うね。

吉田　漏洩はサイバー攻撃を受けたりすることだけど、そういうのは紙のほうが危ないでしょう。さっき言ったように紙でもHDDでも持ち帰ってしまえばおなじだよね。わたしは情報の管理についてはそれほど心配していないし、個人情報の保護も心配していない。国のほうからあえて出すことはないだろうしね。

平　国からは出しません。

吉田　だから心配している人にはしっかり説明をする。説明してわからない人は仕方がないとして、もっと急いで進めていくべきだと思う。未来のことを考えれば。

平　マインナンバーカードは保険証としても使えるようになる。また、薬局に行くとお薬手帳というのをもらうよね、それもICチップに情報が保存できる。それの何がよいかと言うと、災害時に避難所に行くでしょう？　避難が長期化するとお年寄りなど持病のお薬が不足する場合がある。でも、1つひとつのお薬の名前がわからなかったりする。将来的にマイナンバーカードで避難所にチェックインする際に、オプトイン（情報提供の許諾により）でお薬手帳の情報を活用することができる。ものすごく便利になる。

吉田　まだ保険証として使えてないけどね。まあ、でも災害がおこると、自治体は避難所の運営ももちろんだけど人手がいくらあっても足りない。圧倒的に人手不足になる。その対策にもなるね。

平　そのときにマイナンバーカードでチェックインの仕組みを整えたら避難者のリストが瞬時にできる。

吉田　災害時の対応は圧倒的にスムーズになるね。

平　あと保険金。たとえば自宅が全壊半壊してしまったとすると、損害保険会社が保険お金を払おうとして登録の住所に書類を郵便しても届かない。を送っても人がいない。住めなくなって避難所や親せきの家に避難しているから。被災者と保険会社がスマホで、SNSやEメールで連絡を取り合い、マイナンバーカードの電子認証で本人確認をし、緊急避難で銀行通帳もハンコも持っていなくても、銀行口座ではなくウォレット（電子財布）に入れることもできる。技術的にはいますぐでもできる。そういう時代が目の前に来ている。

将来的にはスマホにマイナンバーカードの機能を搭載できるようにもなる。

リモートワークの次への展望

吉田　デジタル化のなかで、まずは何ができるようになるかな。

平　ハンコはなくなっていくかもしれない。それから「コロナブラック」という言葉があるけど。

吉田　コロナの感染拡大という状況のなかで、満員電車で通勤したり、それからハンコを押すためだけに出勤しなければならなかったりする状況のことだね。

平　そう。ハンコを押す仕事さえなければ在宅勤務ですむ場合もけっこうあるはずだね。この間経済4団体（※3）からハンコを用いるような手続きをなくしてほしいという陳情を受けたところだ。国民対政府という場面もあれば、民間対民間という場面もあるでしょう。国民対政府というところはかなりハンコではなくWEB申請ができるようになっている。そのときマイナンバーカードは本人認証の役割を果たすわけだね。わたしがわたしであるという証明だよね。マイナンバーカードはいちばん安全確実な、国家が認めた電子認証ということだ。

※3　経済4団体（日本経済団体連合会、経済同友会、日本商工会議所、新経済連盟）

吉田　それがあればリモートもやりやすくなるかもね。

平　あと民間対民間のところでも、ハンコを押さなくても契約は成立する。先日は経産省と内閣府と法務省で、契約にはそもそもの概念上ハンコは必要ではないというガイドラインを出した。

吉田　WEB上で契約ができるようになったりと、いろいろなことができるようになってきているけど、そのときに、いちばん信頼がおける「わたしがわたしである」証明が、マイナンバーカードであるということだね。

平　そのとおり。マイナンバーカードでもっともっと多くのことができるようにしたいと考えている。たとえば、引越ということで考えてみると、大田区に転出届を出し、練馬区に転入届を出すとする。それから新聞を止めるとか、電気水道電話とか、いろいろあるでしょう。マイナポータル（政府が運営するオンラインサービス、行政手続の検索やオンライン申請ができる）で引っ越し関連の手続きをボタン1つですませる。そうしたら、新聞も電気も水道もガスも大田区役所も練馬区役所も、もっと言えば保険会社もボタン1つですべて移転手続きが完了できるようにできる。そういう仕組みにすることだって可能だ。

吉田　すべてできるようになれば便利だけどね。

平　そういうことを可能にするためには、東京電力も東京ガスも新聞社も、ほかにも生保や損保も含めて民間企業が乗ってこられるような仕組みが構築できるかどうか、ということになる。いまはマインナンバーが使えるケースは法律によって、厳しい規制がかかっている。ポジティブリストといってマイナンバーを使ってよい対象が法律で決まっているわけ。税と社会保障と災害対策の3つだけだ。

吉田　それは法律で決めているのだから、変えるのなら国会が法律を変えればいいじゃない。

平　そう。変えればいい。（※2021年5月にデジタル改革関連6法が成立）去年4月におこなわれた10万円給付は既存の法律で対応したから、マイナンバーは使えなかった。マイナンバーカードで申込者の本人認証に使っただけ。対象が限定されているのでマイナンバーは使えないと。マイナンバーは皆に振られているけど、さらに言えば口座に紐付けされていないからね。

吉田　マイナンバーは使わないでマイナンバーカードは使っている、と言っても普通の人は何のことかわからないよ。

平　わかりやすく説明するのは案外難しいね。「マイナンバー」ではなく「ICチップのシリアル番号」を使うということだけど。いやそう言い換えてもやはりわかりにくいのだけれど。ITを利用して便利になるイメージは、たとえば、みなさんが高速道路でETCを通っているときに、いまETCカードを使っているととりたてて意識はしないよね。でも、あとから不正にお金が引き落とされるかわからないからETCは信用しないという人はあまりいない。また、そういう人は有人の料金所を通ればいい。

デジタル・ガバメントとはどういうものか

平　わたしたちがめざすデジタル・ガバメントはそういうイメージだ。マイナンバーカードは嫌だという人はどうぞいままでどおりの手続きでやってくださいと。その選択肢はなくしませんよ、というわけです。

吉田　日本人の好みで言うと、ＥＴＣだけでなく現金レーンもあると、２つ用意していますよというのはいいかもね。

平　アナログ派vsデジタル派のたたかいのようなものは不毛だけどね。とにかくＥＴＣだと年の差による違いはないね。ご高齢の方も若い人も皆ＥＴＣを通っているわけだから。わたしの考えるデジガバはＥＴＣ方式。

さらに、マイナンバーカードが普及すれば電子投票も可能になる。日本国内よりは在外邦人が先だろうけれど、投票所に行かずにＷＥＢ上で投票が可能になる。

吉田　電子投票というのはつまりネット投票ね。

平　そうだよ。

吉田　ネット投票というのは法律的に難しいものなのか、何かネックがあるのか。

平　ネット投票は、先ほど言ったけど「わたしがわたしである」証明ができる機能を国民が広く持たないとできないね。

吉田　マイナンバーカードが普及すれば可能になると？

平　マイナンバーカードの普及と、それからもちろん電子投票の法律も必要になる。

吉田　法律が必要ならつくればいいよね、国会議員が。その見通しはどうなのかな。国会の総意としてすすめたいのかどうか。

平　わたしはすすめたいと考えていますよ。

吉田　わたしも同意見だ。

平　ただ、日ごろスマホも使っていません、パソコンも使っていません、それに何となく怖いと感じている人たちはまだたくさんいるわけです。紙での投票も当然残します。投票の秘密は「秘密計算技術」など新しいテクノロジーを導入することも考えられるね。とにかく民主主義の根幹だからていねいにすすめていく必要がある。

吉田　普段投票に行かない層が投票するようになるから、既存の政治家は嫌うと言われているけど。

平　そうだね。いまの枠組みは壊れるだろうね。そして無党派の存在感が圧倒的に増すでしょう。だからいま与党になっている人びとはやりたがらない。わたしはやっていいと思っていますが。

吉田　都市部の自治体選挙の投票率は30～40％でしょう。多少間口を広げても投票率が上がる仕組みを考えなければ。インターネット投票はそのための1つの有力な手段と考えられるけど、何らかの不正が発生するおそれはある？

平　最新の技術も活用すれば、アナログの投票よりデジタルの投票のほうが不正が起きやすいとは思わない。

吉田　デジタル・ガバメントをすすめるうえで、懸念点は？

平　自治体はどこも独自のシステムを組みたがる。これは組織というものの通弊かもしれないけど。でもお金もかかるしランニングコストもかかる。それで国が音頭を取ってこういうシステムでやりましょうと。ところが、いやうちはすでに大金を投資しているのでいまさら国の話しには乗れません、となってしまう。

吉田　なるほどね。

平　だから国の流れを見ながら、市民区民の利便性を高めるために何が必要かということをわかっている人が政治家なり首長でいるかどうかが重要だと思う。

諸外国に見るデジタル・ガバメントとは？

平　現在、コロナで経済がきびしくなっているけど、そのなかで国の役割はどんどん広がっている。コロナ前には全国民に10万円配る日が来るとは思いもしなかった。長らく小さな政府か大きな政府かという議論をしていたけど、実際には超巨大な政府になっている、お金の面でもサービスの面でも。

吉田　だけど役所の人員を増やすというのはまた別の次元の話しだね。

平　そう。サービスが増えた。だからと言って役人を増やすというわけにはいかないと。日本は中長期的なトレンドで見れば圧倒的な人手不足、労働者不足。この状況で民間の足を引っ張る形でパブリック（公的機関）が人を増やすのはありえない。パブリックは国民の満足度を高めるためにがんばる。だけれど、公務員等の人員は絞らないと日本経済がサステイナブル（持続可能）にならない。だからデジタル・ガバメントにしましょうということ。

吉田　世界でもっともデジタル・ガバメントがすすんでいる国の1つがエストニアだよね？

平　そう、よく知っているね。なぜ彼らがデジタル・ガバメントにしたのか。理由は大国と隣接していて、もしエストニアの国土がその大国に占領されても、政府がデジタル上にあれば、すなわちデジタル・ガバメントになっていて、国民にＩＤ番号が振られていて、サイバー空間でつながっていれば、たとえ国土が支配されていてもエストニアという国は生き続けるわけです。

吉田　知ってるよ。世界に散り散りになったエストニア国民とサイバー上にある政府がつながっているということだよね。

平　日本に振りかえて考えると、たとえば首都直下型地震といった事態を想像してみてほしい。政府機関がいまのように霞が関に集中しているときに、首都直下型地震が来たら政府機能はほとんど停止状態に追い込まれる可能性がある。だからサイバー空間に政府機能を移すデジタル・ガバメント、「デジタル遷都」が必要だというわけ。

吉田　なるほど究極の危機管理だね。それによって……。

平　国家は飛躍的にセキュアになり強靭化され、サステイナブルになる。いまのようにコロナがあって自然災害があって、そのうえ首都直下型地震が発生する可能性だって十分にある。この数年のうちにかなりの政治的パワーと資金を投入して霞が関の政府機能をデジタル上にすべきだとわたしは考えている。

吉田　そうするとリスクへの対応が格段にしやすくなる。

効率化とセキュリティ

平　加えて都や区と政府のつながりももっとよくなるよ。リアルにやっているから壁があるわけで、共通サーバーがクラウド上にあったらリアルな世界で壁があってもその壁は機能しなくなる。結果、利用者の手続きの手間も省けるし、便利になる。災害時や非常時の公共サービスも安定する。

吉田　普通の人びとがいちばん接するのは市区町村だからね。平くんが言うよう地震が来たら、役所なども耐震の頑丈な建物を建ててはいるけど、崩れてしまうこともありうるわけだよね。そこでデジタル化してデータを分散しておいておくと。住民もデジタル化すると便利になる。

平　最終的にはバックオフィス（事務管理部門）で情報連携するから、印鑑証明などは取らなくてもいいし、添付書類も要らなくなる。あくまでオプトインだけどね。

吉田　役所の側もほかにもっと有効活用できるのに無駄な作業をさせて無駄な時間を使わせることをゼロにしたい。よくワンストップ（1つの場所でさまざまなサービスが受けられる環境、場所のこと）というけど、わたしは行かないで済むことはノンストップで済ませるまで持っていくべきだと思う。そうするとおそらく人員も余ってくる。そういう役人を、高齢者などデジタルに乗れない人の担当に振り分ければいいのではないか。

平　いいところに気がつきましたね（笑）。

吉田　そこはだいじなところだね。だけどそれをすすめるにはやはり政府不信を何とかしなければならない。おかしな証拠隠滅めいたことをされたら国民は怒るよ。それが不信をあおり立てている。政治家は天下百年の計を立てて、そのために襟を正してほしい。

平　与党の一員として謙虚に受け止めたいと思います。公文書の管理も紙でやるよりデジタルのほうがログも残るし、改ざんをできない仕組みもできる。そのためにもデジタル・ガバメントをすすめないと。あと、デジタル・ガバメントの反対勢力というと一昔前は公務員の組合だった。人が不要になってしまったら困るということで。

吉田　昔、パソコンを導入したときにキーボードで「何タッチ以内」という協定を組合と結んだとかあったね。

平　人員が減りますよと言うと、野党も反対に回る。デジタル・ガバメントはけしからんと。でも役割としては大きな政府にならざるをえないわけで、政府の仕事が多くなれば既存の人員でまわらなくなる。それは目に見えている。そこで機械で済む仕事は機械で済ませようというだけの話。だから決していまいる人たちを減らす政策ではないのだけどね。

手続きが非常にかんたんになり、ガラス張りになる

吉田　もっと必要なところに人を振り分けられるはずだね。窓口で紙の書類を相手にしているばかりでなく。

平　そういうことです。マイナンバーカードが普及してマイナポータルに1つ給付金等の振込用の銀行口座を登録してもらうだけで、必要な人に迅速に支援策を届けることができるようになるんだ。

吉田　生活保護受給者だって、口座を事前に登録すれば早くお金がもらえると。わざわざ役

所に行かなくてもいい。プッシュ型支援と言われるものがあって、申請なしに、たとえば生活保護受給者で、子どもが今度小学校に上がる人がいるとすると、そのときに申請なしでこのサポートを受けられるというように、申請しなくても支援ができる仕組みがある。

平　そういうことも可能なのだけど、自分の情報を行政に勝手に紐付けられるのが嫌だという人もいる。だからオプトインで、すなわち自分の意志でこの口座を使ってくださいと申し出る方式でやればいい。行政が勝手にやるということではなく。お薬手帳も、災害時に避難所で運営者に見てもらうときはオプトインでいいと思う。手続きするのも役所に行くのもたいへんという人はいるだろうし。

吉田　いま多くの人がスマホを持っているからね。スマホで登録すれば必要な給付は受けられるし、また子どもが生まれたとか、小学校に入った、高校に入った、大学に入ったといったときに必要とされる施策で、プッシュ型、つまり申請なしに出す、あるいはスマホのボタン1つで申請できるようにしてお金が振り込まれるようにする、ということは可能だよね？　税金等の還付金も、口座に振り込ませればいいだけの話だよ。何も書類を書かせて切手を貼らせて送らせて、としなくても。口座を登録していないからそれができない。

平　確定申告している人の口座は役所が知っている。アメリカだとほとんどの国民がしている。だからアメリカ政府は国民の口座を知っているわけです。日本は確定申告をしている人は3000万人くらいですか。行政が持っている情報のなかで、税務情報はいちばんコアな情報の1つであるわけ。あとは情報連携ができるかどうかの問題。

吉田　所得を全部きっちり把握できれば、結局たくさん税金を取れるようになるわけだね。

平　そうです。ズルをしようとする人には嫌な話だろうけど、その気のない人からすると、役所間で情報連携して、公共サービスがよくなり、行政手続きの手間が省けるならそのほうがよいわけ。

吉田　脱税しようというのはそもそもよくないのだけれど、脱税なんて考えていない人も収入がガラス張りになるのを嫌がる。それはデメリットがからんでいるから。マイナンバーカードをもつデメリットというのは、ちょっと怖いという心理だね。

平　マイナンバーカードを持つリスクは何もないよ。持ち歩いたとしても銀行のカードよりはリスクは少ないよ。銀行のカードも落としたところで暗証番号がわからなければお金をおろされることはない。しかも24時間いつでも電話をしてカードを止められる。マイナンバーカードも同様だ。つまり銀行のカードと同じ扱いをしてもらえればいいので、「財布のなかにマイナンバーカード」というのがおそらく正しい持ち方になるんじゃない？

吉田　銀行のカードなんかほとんどＩＣチップもないし、暗証番号も4桁だね。それでもみんな平気で持ち歩いているよね。わたしもそうだけど。

平　マイナンバーカードにも暗証番号が設定されている。暗証番号を知らない人がウェブ上で本人になりすますことはできない。リアルでも顔写真で本人確認は可能だよ。また、カードに搭載したＩＣチップは、加工しようとするとすぐ壊れるようになっている。銀行のカードは普通に持ち歩くのにマイナンバーカードは怖いというのはよくわからない理屈で、マスコミや一部政治勢力のプロパガンダが効いているんだと思う。

吉田　市区町村の転入転出の届け出とか、マイナンバーがあれば家でできますよということを先にしてしまえば、そこから便利さを感じていける。しかしいまはまだない。保険証だって早く導入してしまうという考えもある。マイナンバーカードの発行枚数が少なくても。やがて増えていくだろう。SuicaもＥＴＣもそうだったように。

平　サービスを提供する側の準備ができていないとできない。Suicaでたとえるならば、ＪＲの側で準備ができていなければ難しい。

吉田　でもSuicaは完璧にできているよね。本当に国のやることは遅いよね。

平　ただ、マイナンバーカードが保険証や免許証の代わりに使えるようになるサービス開始はもう決まっている。これからさらに加速してサービスを拡充していく。

1700ほどある自治体のシステムも条例もバラバラ

吉田　役所の転入転出手続きなどはすぐにマイナンバー対応できると思うが。

平　それはね、政府、都道府県から市区町村までのすべての自治体がシステム統合する必要がある。自治体は1724あるけど、システムはバラバラ、個人情報の扱いのルールも条例によって全部バラバラ。

吉田　国が言えば何でもできるという話ではない。

平　およそ1700の市区町村と47都道府県と国がルールの標準化とシステム統合しなければいけないので、時間がかかっている。これまで地方分権という掛け声でやってきたが、デジタル・ガバメントという側面からいうと、地方分権を強調したら収拾がつかなくなる。

吉田　そうだね。対応策はあるのかな？

平　クラウドというものができたのでね。いままでは利用者が手元のコンピュータで保存していたデータやソフトウェアを、ネットワーク経由で、サービスとして利用者に提供することができるようになった。これから実現するデジタル・ガバメントではクラウドが標準になる。自治体にも政府が用意したデジガバ・クラウドに乗ってきてもらうことになりそうだ。そのためには自治体がいま所有しているサーバーを捨ててもらわなければいけなくなるかもしれない。それをどうするか。かなり課題は大きい。

吉田　かなり大規模な変革になると。

平　だからわたしが「デジタル遷都」と言っている。リアルな世界の遷都、この東京からたとえばどこかへ都を移すというのはたいへんな大事業でしょう。たいへんな覚悟と予算を必要とする。デジタル遷都もそれくらいの覚悟がないとできないということ。

吉田　それでも何かすすめていかなくてはいけないね。

平　たとえば首都直下型地震のことを本気で考えたら、デジタル遷都をしなければたいへんなことになりますよ、この国が。わたしはそう思っている。災害を想像するのはあまり楽しいことではないので皆避けてしまうけれど、本気で考えたほうがいい。

吉田　災害時、カルテだってなくなってしまうでしょ。それで電子カルテという話になるよね。

平　日本は医療情報のＩＴ化やデータ活用にも取り組んでいるが、まだまだだね。韓国では、レセプトのデータが毎日更新であるのに対して、日本はひと月ごとの更新だ。だから現在のようにコロナ状況になったときに医療現場の実態が韓国ではレセプト情報から日単位時で把握できる。日本は1か月単位でしか把握できなかった。政府が情報を把握できるのは1か月以上も後になる。そこで政府はクラウドでコロナ陽性者登録システムは急遽つくることになったんだ。

吉田　そうだね。

平　中国のように、ありとあらゆる個人データを紐付けて、国家が国民を管理してパンデミックに立ち向かうという国に対して、日本は国民の個人情報はあまり持たずに紐付けもしないという国。普段であれば基本的人権に最大限配慮された本当に住みやすい国なんです。普通に生活していて、政府に介入されたという経験というのはなかなかないと思います。

吉田　わたしはないね。

平　だからなおさら、いろいろな情報をリアルタイムで国民の皆さんに届けないと、たたかえないですよ、コロナと。人流のビックデータを民間のキャリアから提供を受けて政府のコロナ特設サイトで公表したり、SNSを通じて発熱の有無などのアンケートをわずか2

日間で約２０００万人の人から任意に回答いただき、その分析結果を政府のクラスター対策に反映したりしてきた。国民の協力を得て、データを収集・解析し、その成果をすぐ国民に還元し提供できるような仕組みづくりをしないといけない。テクノロジーでできるなら何でもできるという国ではないんです、日本は。

吉田　対応が迅速じゃないという不満は多いね。

平　コロナ対策のＩＴ活用でいちばん効果があるのは中国型だ。監視カメラはあちこちにあって政府が裁量で個人の顔認証を取って、ＧＰＳ情報を取って、買い物履歴も取れて、ＳＮＳでだれとつながっているのかも全部把握できる。韓国は国民の行動監視でクレジットカードの履歴まで見ている。コンタクトトレーシング（接触追跡）アプリでは、韓国はＧＰＳ、シンガポールはＧＰＳと電話番号はつかっている。

吉田　一方、日本とドイツは接触確認アプリで個人情報はいっさい取っていないでしょ？

平　そもそも接触追跡アプリではなく、接触確認アプリ。政府は「追跡」していない。「確認」するのはスマホの保有者本人のみ。ＥＵにはＧＤＰＲ（General Data Protection Regulation＝ＥＵ一般データ保護規則）というのがあって、個人情報がよく護られているわけです。それで、ヨーロッパ以外の国でヨーロッパと同等に個人情報が守られていると認められている国は日本しかない。日本はGDPRで十分性認定というのを受けている。

吉田　同じ接触確認アプリでも、個人情報に配慮しているのはヨーロッパと日本のアプリと言えるね。アメリカは州によって違って、基本GPSは使っているらしい。シンガポールなどは自由でわれわれに近いように思うけれど、結構きびしいね。シンガポールは国民の統制がきびしい国だからね。

平　そうね。比較的に政府が強い国家だよね。都市国家だからやりやすい面もあるかもね。あと台湾と韓国は、隣国と緊張関係にあっていまだ戦時体制を引きずっているからマッチョな政策が受け入れられやすい土壌がある。普通の国家が想定している危機管理の筆頭は戦争だが、日本は憲法上戦争を想定していないので、あらゆる危機管理がソフト路線になる。

吉田　それでいい。戦時の危機管理体制でやっていこうなどとしたら、国民が承服しない。

平　接触確認アプリでも、コロナテックチームの提案では4つ選択肢があったが、もっとも個人情報に配慮したオプションを選択した。デジタル化の話で、テクノロジーで何ができるかというのも大切だが、日本のこの国柄というか、わたしはこの国に生まれてよかったと思うし、国家に監視されるのは嫌だし、介入されるのも嫌だとわたしも思うので、そうした日本が堅持してきた民主主義や自由主義や個人情報の保護といったものを守りながらテクノロジーを入れてセキュアな社会をつくっていく、というのがわたしの仕事だと思っている。

コロナ発生届がＦＡＸだった！　１７００あるシステムのなか、どう対応したか

吉田　国と都道府県と市町村の関係に話を戻すけど、話にあったようにそれぞれシステムが違っているわけだよね。これを全部やり直すというのはものすごくたいへんでしょう？　それこそ日本の国柄から言っても、違っていることを前提にして共通の落としどころを探っていくという方向でないとうまくいかないのじゃないか？

平　さっきコロナ発生届のことを言ったけど、いまだに紙で手書きで判子を押してＦＡＸだと。これは何とかしてくれと川崎の呼吸器のお医者さんがツイートした。それを河野太郎さんがツイッター上で拾ってわたしのところに投げてきたということなんだけど、いままでだと、クリニックから各地の保健所にＦＡＸで送らなければいけないと。これをＷＥＢ化しようと思ったら、さらに厚労省がリアルタイムで、ＦＡＸではなくＷＥＢでわかるよ

うにしようと思ったら、いままでの発想だと、まずは保健所がＩＴ化しなければ始まらないということだった。そうすると保健所を見ている市町村もＩＴ化しなければ駄目で、その先の都道府県もＩＴ化しなければいけない、最後に厚労省がＩＴ化すると。そうやって全部がＩＴ化しないとＷＥＢで受け付けられない。いままでの発想なら。そこでクラウドを使うということになった。クラウドでコロナ発生届を受け付ける仕組みをつくった。そうすると市町村も都道府県も、クラウドに情報を取りに行けばいい。これまではクリニックがあって保健所があって市町村があって都道府県があって国があってと、そのそれぞれの間に壁があったわけ。その壁が壊せなかったからいままですすまなかった。けれどもクラウドにしたら、壁は残っているけれど、それを飛び越えることができるようになったというわけ。

吉田　そのことは中央官庁全体にも当てはまるのかな。

平　各省庁のシステムはサイバーセキュリティの関係もあって基本クローズであるわけ。防衛省、外務省、経産省とそれぞれがたこつぼのようなシステムで壁がある。これもクラウドを利用すれば壁は残っていても飛び越えられるようになる。というわけでクラウドをベースにＩＴ化していけばよいというのが、今回のコロナ禍でもっともよくわかったことだ。当然サイバーセキュリティには万全を期すのが前提でね。

吉田　ちょっと難しいな。

平　そのうえで次のハードルだ。クラウドにするということは、皆クラウドに乗ってくるということだから、それぞれの自治体が自前でもっているオンプレ（自分の施設内管理）のサーバーは捨ててもらわなければいけない。それぞれのサーバーを残して連携するかたちでもよいのではないかという声もあるが、システムが複雑化し不具合を発生しやすくなる。もともと違うシステムを無理やりに結合させるとあのメガバンクみたいに苦労することになる。

吉田　いつまでたっても不具合がおこる。不具合がおこるたびに何日間か休んでとなる。

平　だからどこかで捨ててもらわなければならない。地方分権というのは、１７００自治体があったら１７００とおりのやり方があっていいという考え方だけど、デジタル・ガバメントのベースのところは標準化しなければならない。すなわち国家がやりますと。

吉田　だから標準化して、地方は全部それでやってもらうと。

平　全国共通の住民公共サービスの分野はクラウドに乗ってもらって、そうではないところは独自に特色を出してくださいというように分けないといけない。しかし議会を通して予算を取ってサーバーを増強してきた人に向かって、明日それ捨てろとは、なかなか言えないよね。

吉田　難しいかもね。

平　わたしは中小企業の経営者出身なので、経営的な言い方すると、自治体が自前サーバーを捨てて損切りして評価損を出しても、さらに政府が用意したクラウドに乗るためのカスタマイズでイニシャル（初期）投資をしても、それでもランニング（運用）のコストダウンで元を取ることができますよと。経営者ならわかりやすいシンプルな話。でもその最初の評価損について、実際には行政に評価損という概念はないけれども、これだけ税金を投入したサーバーを捨ててしまうのか、ということについて民主主義的手続きで議論をしたうえで了解を取らなければいけない。それを考えると、やはりとてもたいへんだ。

吉田　決断だね。そういう決断をしてもらうためにはどうすればいい？

平　自治体の数は１７００ほどもある。それぞれの自治体で今後もＩＴの専門人材を採用し続けることができるのか。さらに最新の知見を持ったサイバーセキュリティ人材となるとさらに難しいのではないか。

吉田　なかなかそういう人材はすべての自治体が採用できるとは限らないよな。

平　であればクラウドに相乗りして、そこでサイバーセキュリティを一元的に見るほうが、安全だし安価になる。財政力に余裕のない自治体はクラウドに乗ってきたほうがあらゆる面で合理的。

吉田　そうだね。

平　だけど財政力のある大きな自治体など独自で先端的な取り組みをやっているところで、しかも首長が相当ITをわかっているところでは、自前のサービスも手掛けていたりするからおいそれとは乗ってくれないかもしれない。そういうところとどういう交渉をするか。そういうところと、きちんとつながるようになるか、ならないか。

吉田　ならないと？

平　A市ではできるけど、B市ではできないとか、自治体をまたいだ手続きを相変わらず両方の自治体で手続きをしなければならないとか。ワンストップ、ワンスオンリーのデジタル・ガバメントがいつまで経っても実現しないかも。

吉田　システムがバラバラなのに加えて、個人情報の扱い方の条例もバラバラという状況もあるね。

平　これも統合しなければいけない。法律をつくって一気にやってしまうという方法もないわけではない。政府と自治体で意見交換を始めたところだ。

吉田　どうすすめていくべきかというところはここから詰めていくと。

平　いままさに菅官房長官のもとでデジタル・ガバメントをどう進めていくか。今年度中に、わたしの言った問題意識も含めて決めるというタスクフォースが動いていて、今日、ＩＴ戦略本部の会議でデジタル・ガバメントを進めていくという発言が安倍総理からあった（※４）。

※４　２０２１年９月１日にデジタル庁が創設されることが２０２１年５月12日に発表された。

ＩＴ化のハードルは高いが、大規模災害対策を考えると急がなければ

吉田　知り合いで介護事業をやっている方がいるのだけど、介護は介護会計も含めて基礎自治体が主体となってやれという声もあるとか。どういう仕組みなのかも含めて、地域によって異なっているということをどう考えればいいのか、悩むことがある。

平　介護もＩＴ化して、センサーを導入したら人手は減らすことができるだろうね。だけどいろいろな課題がある。国で標準化できるところはなるべく標準化したほうがよいのでは

ないか。

吉田　IT化は一律化するという方向性だよね。一方、国と自治体の関係はあまり一律であっても困る。そうなると自治の本旨が生かされなくなってしまう。これまでは地方分権はどんなことでも推進するのがよいという方向で来ているけど、これだけ大きな自然災害がおこると、小さい規模では対応できないことが出てくるね。もし荒川が氾濫するとなると流域で250万人が避難することになる。その250万人の避難を区長が調整できるかということだ。それは国が動くほかないだろうね。

平　災害のときは、いまは先ず自治体が担当して、対応しきれないと都道府県、次に国という順序になっている。きょうのわたしの防災担当副大臣としての大雨に関する国会答弁もそうだったけど、「〜というように熊本県に通達しました」という答弁になりがちだ。今後も大規模自然災害が想定されることを考えると、ある一定以上になったら国が前面に出るようにしたほうがいいと思う。

吉田　海外ではどうか。アメリカにはFEMA（＝連邦緊急事態管理庁）があってそのように活動する。CDC（アメリカ疾病予防管理センター）もそうだよね。一定規模を超えたら国家機関が受け持つというようにしないと無理だ。そういう議論をしていかないといけないと思うのだけど、そのうえで問題点はある？

平　たとえば立法で防災庁やデジタル・ガバメント庁をつくるにしても、強い権限と予算をつけないといけない。府省庁の数を削減してきたいままでの行政改革との整合性や、既存の各役所から権限と予算を引っぺがしてこないといけない。その強烈な抵抗を抑え込む強力な政治的覚悟が必要だ。

吉田　たしかに大きな話だね。

平　民主主義のルールのなかでやるわけだから時間もかかる。それでも首都直下型地震に備えたほうがいい。そうわたしは思うよ。それは官僚に任せていてもできません。よく、IT担当大臣に民間の若いITの天才をつれてこいという話になるが、わたしが言ってきた仕事は政治家にしかできないことだ。

吉田　そうだね。じゃ、やってよ。

平　政治力のある政治家がIT担当大臣になって、技術的な面はデジタル監というポストでテクノロジーに詳しい人を据えると。ただ大臣は1年でコロコロ変えずに実力派を4、5年おいて、十分な予算を付けてやっていかないとデジタル・ガバメントは実現しないよ。

吉田　やるとすれば5年くらいでやらないと仕方がないね。10年20年かけるようなことではダメだね。

平　放っておくと5年かけてもどこまでできるか。でも5年もかけず3年でやり切るのだというくらいの意気込みがないと。

吉田　激甚化する災害への対策、仕事は増えるが人員は簡単には増えない人口減少社会におけるサステイナビリティ、行政サービスの効率化と向上などなど、さまざまな観点から改革が必要であると。

平　その解決策の1つとしてマイナンバーを活用してもらうということ。われわれが2019年に議員立法でつくったデジタル手続法のなかにある行政のデジタル化に関する基本原則として、デジタルファースト（各種手続きのオンライン化）、ワンスオンリー（一度提出した資料は再提出不要）、コネクテッド・ワンストップ（民間も含めた各種サービスのワンストップ化）の3つをあげている。

吉田　君の演説会みたいになってきたからそろそろ終わりにするので、まとめてよ。

平　ポイントは、本当に生命にかかわる問題がこれでいいのかということ。防災にしても今回のコロナ禍にしても。スピード感がまったく違う。あと本当に必要な情報が被災者1人ひとりによって異なるわけ。

吉田　だれがトップかにより大きな違いが出たということかな。

平　そうね。それにはトップのＩＴ理解が左右するということを、このわずか1年ほどの防災担当副大臣兼ＩＴ担当副大臣の仕事を経験してわたしも実感しているところだね。

吉田　政治家のＩＴ理解とデジタルへの意識が問われていると。

平　ただ、だからと言って国民や住民の情報を何でも行政が勝手に紐づけて、行政が便利に使っていいということではない。あくまで、国民本位、住民本位だ。基本的人権や民主主義、自由主義を守りながら、どれだけＩＴを使い倒せるかだね。基本的にだれもが自由であり介入されないこと、これが大切だね。

教育と経済

1.

外国の暮らしに接すると、自分たちの生き方や社会を客観的に眺めることができる。縁があってグアムに仕事の拠点があるが、グアムの学校はのんびりしているし、子どもたちの自尊心を決して傷つけない。あまり勉強はしないが、勉強がわからなくなって自信をなくすことはない。よくアメリカで優等生でも日本では劣等生などと言う。アメリカの学校でどんなに成績がよくても、日本に帰国すると成績はどーんと落ちてしまう。そんなことがよくあるのだ。

もちろんアメリカにも競争はあるのだが、それは少数のエリートの間のことだ。そして彼らの競争は驚くほど激しい。研究者をめざすとしよう。大学のテニュアのポストを手に入れるまで激烈な競争を勝ち抜かなければならない。テニュアというのは日本でいうと教授とか准教授とか、定年まで安心して勤められるポストのことである。そういう地位につくまでは、いつ雇用が切られるかわからない立場で必死に研究しなければならないのだ。

日本の小中高校生は世界的に見ても学力優秀だと思う。OECDが高校生対象に3年おきに実施している学習到達度調査（PISA）では毎回上位に入っている。調査は読解力、数学的リテラシー、科学的リテラシーの3つの分野からなっており、2018年の調査の結果を見ると、OECD加盟国37か国中、読解力11位、数学的リテラシー2位、科学的リテラシー1位である。この調査には全部で79の国と地域が参加していて、それで比較すると中国の都市や香港、台湾、シンガポールなど東アジア、東南アジアの国や地域が上位に並んでいる。2018年の結果が発表されたときは順位が下がったと騒がれたものだが、心配するようなことではない。日本の小中高校生は間違いなく学力優秀なのだ。

2.

ところが世界大学ランキングを見ると、がっかりしてしまう。2020年9月に発表されたイギリスの教育専門誌による世界大学ランキングでは、日本の大学でトップ200入りしているのは東京大学と京都大学のたった2校だ。上位10校はすべてアメリカの大学（8校）とイギリスの大学（2校）が占めた。日本は東京大学36位、京都大学54位の2校だけである。中国はどうかというと7校が上位200校に入り、清華大学20位、北京大学23位である。韓国もソウル大学（60位）を先頭にベスト200に7校がランク入りした。PISAの順位と世界大学ランキングとの落差の大きさ。いったいどうなってるの？　と思ってしまう。

東アジアの国々は日本も中国も韓国も台湾も、受験競争が非常に激しい。それに韓国や台湾は大学進学率も非常に高い。何と90％以上が大学に進学しているのだ。日本の大学短大への進学率は60％そこそこで、イギリスやドイツと似たり寄ったり。日本の大学進学率ははっきり言って低いほうなのである。

わたしは学力到達度調査の結果や大学進学率には、それほどこだわることはないと考えている。勉強はとてもだいじだ。けれども子どもの自尊心が傷つくような教育はどういうものか。自分が好きになること。それは学力をつけるのとおなじくらい、いやそれ以上に大切なことだ。

ただし世界大学ランキングの結果はとても気になる。大学は専門的知識を持つ若者を養成し、先端研究をおこない、世界中の人びとと交流する。その国の総合的な力を象徴するのが大学だ。いまの日本社会の人材力、科学技術力、開放性が世界大学ランキングに象徴されているのではないか。

3.もっとも生産性が低いのは行政ではないか?

教育を見てきたが、ご自分の常識とずいぶん違っていてビックリされた方が多いのではないだろうか。

わたしは教育のあり方と、日本経済が振るわないことの両方は似通っているのではないかと感じている。どういうことかというと、教育も経済も、ひとことで言って生産性が低いのだ。

教育について生産性という言葉は使いたくないが、礼儀正しく団体行動をすることを学び、その一方で激しい受験競争にのめりこむ。個性的であることや自己表現ができることより、協調性に富み、まんべんなく広い分野の知識がある。そんな人材を育てているのではないだろうか。

わたしは高校時代、こんなことを勉強して将来何の役に立つのだろうかと、ひそかに疑問に思ったことがあった。物理、化学、数学、世界史、外国語……、つい苦手科目の順に並べてしまったが、そう思ったことのある人は少なくないだろう。もちろん物理も化学も数学も世界史も外国語も、みんなだいじだ。でもそれはだれにとってもだいじということではなく、社会にとってだいじだということである。そして化学の知識がなければ仕事にならない人はごく一部である。化学の知識は一部の人にとってものすごくだいじなのである。将来営業の仕事をする人に、高校程度の地学の知識は必要だろうか。生産性が低いことは、こういう教育のあり方に深く関係しているのではないかと思う。

もっとも生産性が低い分野は、行政だと、わたしはひそかに考えている。

経済にとって生産性が低いことは大問題だ。生産性が低いということはムダが多いということだ。今度のコロナ禍で在宅勤務が広がったが、在宅でも十分にできることがわかった仕事も多いだろう。それがムダということだ。

民間企業も行政もムダが多いが、とにもかくにもムダとわかっていることにしがみついているのが行政である。新型コロナ感染者数を集計するのに、いまだにファックスでやりとりしているのはそのよい例だが、何より単年度主義の会計制度のために、えっ！　と思うようなおかしなことがまかり通っている。以前、ある知事さんがこぼしていたが、先例踏襲がはびこっていて、前例のないことをしたがらない。改革しようとすると抵抗する。

できないことの理由はいくらでも出てくるが、どうしたらできるかを考えようとしない。そんな傾向がある。

生産性向上は、これからの日本経済の中期的な課題である。そして役所が、知らず知らずのうちに生産性向上の足をひっぱっている。わたしはできるだけムダを省いて効率的なシステムをつくっていきたいと考えている。

吉田健一対談　4

対談者　大塚　俊弘　さん

精神科医、川崎市こども未来局児童家庭支援・虐待対策室担当部長（対談当時）

現在、長崎県精神医療センター院長

児童虐待とは何か、その対応は？

大塚 俊弘（おおつか としひろ）さん　プロフィール

長崎県精神医療センター院長。精神科医、医学博士、精神保健指定医、精神科専門医（日本精神神経学会認定）。

1962年、長崎市生まれ。専門はトラウマ体験者（児童虐待、DV被害を含む）の地域支援など。

『外傷後ストレス障害（臨床精神医学講座　special　issue 第6巻）』（松下正明総編）中山書店、2000年ほか、著書多数。

児童相談所も婦人相談所も1つの組織にするのがよい

大塚　今日のメインとなるテーマですが、おなじ自治体のなかでも組織間の連携は難しいです。児童相談所と婦人相談所、精神保健福祉センターなどさまざまな組織がありますが、支援対象者もバックグラウンドとなる法律も違うので連携は難しいものなのです。

しかし、組織を1つにして、所長は1人、児童相談所婦人相談所の責任者として課長を配置すると、所長が「課長さん2人で決めてください」と指示すれば、両機関の同時支援が必要な方への支援計画がものの30分で決まります。

吉田　つまり全部いっしょにしたほうが、効率はよいということですね。

大塚　はい。いっしょにする実践の一例が「地域包括ケアシステム」で、そのもとになったのが、広島県御調(みつぎ)町の公立御調病院の取り組みです。高齢化がすすんだ当時の御調町では、老人ホームがすぐ埋まってしまうことが大きな課題で、関係機関の連携強化によって限られた資源の有効活用を試みるも、役場も病院も社協も意思疎通が悪くて、なかなかうまくいかなかった。

吉田　どうしたのですか。

大塚　そこで、当時の御調病院院長の山口昇先生、わたしの母校である長崎大学出身の外科の先生で、地域包括ケアシステムという概念を提唱した方ですが、健康管理センターという組織を病院のなかに設置して、そのなかに、役場の高齢者担当部署、ホームヘルプサービス等を提供していた社会福祉協議会、病院の地域連携部門をいっしょに配置、つまり、同じフロアにしたわけです。そうしたら、たちまち連携が良くなって、限られた社会資源を効率的に利用する体制ができ上がったと聞いています。

吉田　要するに、多部門を同じフロアにいっしょにしたところがいちばんのミソですね。

大塚　はい。わたしがいま所属している川崎市では、都市部で同様のことができないか、試行を繰り返しながら実践しているという状況です。

吉田　いつごろ、地域包括ケアシステムにかかわる業務が川崎市で始まったのですか？

大塚　２０１４年に全住民を対象にした地域包括ケアシステム導入に向けた取り組みが開始、２０１６年に、全部門をいっしょにするという構想で区役所に地域みまもり支援センターがつくられました。

吉田　地域包括ケアシステムは医療モデルを根本にしているのですか？

大塚　御調町において、医師である山口先生が音頭をとりながらすすめられた実践なので、そうだと思います。

　複雑で、いくつかの組織や異なる専門職が連携して対応すべき課題であれば、医者が専門的な知識をもとに、まずは方針を決めるということが重要だと感じています。他部門を納得させるような専門的な知識がない職員さんだと連携をすすめるのに苦労が多いと思います。

吉田　専門的な知識がない職員だと判断ができないのでしょうか？

大塚　たとえば、産後うつ病のお母さんと乳児がいる家庭への援助は、区市町村の保健センターの母子保健担当部署が担うことになっています。しかし、うつ病の急速な悪化があると子殺しや心中のリスクが高まります。保健センターでの援助を続けるのか、児童相談所に任せるべきか、そのような見きわめが必要です。その判断は難しくて、保健センターの職員や児童相談所の職員という立場で決断することは難しいのではないでしょうか。そういうときは、両機関がともに納得するような専門性を有するリーダーがいて、「これは母子保健、これは児童相談所の権限を使おう」と大方針を決めてしまうというやり方がよいのではと思っています。児童虐待に関するわたしの持論としては、保健センターでやる母子保健を中心とした業務と、児童相談所の業務は、可能な限り一体化したほうがよいと思っています。違う組織ではあるが、ワンフロアにしてしまう、初期の地域包括ケアシステムの考え方につうじるのではないでしょうか。

仕事の押し付け合いと非効率が問題をおこす原因になる

吉田　大塚さんが感じた課題は何ですか?

大塚　わたしは長崎県で県立の児童相談所長を経験しましたが、県と市だと完全に分かれているので、割り切りがあるわけです。全国の政令市で困っているのは、区役所と児童相談所が同じ自治体の組織なので、そこをどうするのかという問題です。

吉田　政令市はうまくいっていないのですか?

大塚　そういう傾向がありそうです。たとえば区役所の母子保健担当部署の責任者にとって、児童相談所の業務に自分の部下を取られるのは困ると考えます。逆もしかりです。どこまでが区役所の業務か、どこからが児相の業務かという議論がおこり、結果として押し付け合いになる。そんなときに得てして死亡事例が起きる。わかりやすく言うとそういう状況だとわたしは見ています。

吉田　それをなくすには組織をいっしょにするしかないというわけですね。

大塚　はい。わたしがいた長崎県では、長崎こども・女性・障害者支援センターという、児相と婦人相談所、精神保健センター、身体および知的障がい者の更生相談所の5機関が統合された機関があり、5機関の所長をセンターの所長が兼任することになっています。わたしはその初代の所長をしましたが、異なる機関を1人の所長のもとにおくというのが、連携や機能分担に関してはいちばんよい方法だと感じています。

吉田　地域包括ケアシステムに児相なども盛り込んでしまうということですか？

大塚　川崎市がめざしているところはそうです。

吉田　カバーするエリアは小さいですか？

大塚　区役所ごとに地域みまもり支援センターというのがあって、保健師が10人くらいいて20万人程度をカバーしています。よくある事例ですが、高齢者と引きこもりの精神障がいがある息子さんが同居していて、隣には、子連れの娘一家もいて不適切な養育の実態があるとします。そういう場合、高齢者から児童、母子保健、精神障がい者支援までカバーした対応が必要となります。地域みまもり支援センター構想は、始まったばかりで、組織的にもいまは試行錯誤中でありますが、将来的には、高齢者介護、障がい者支援、母子保健部署を一体化したような行政機関をめざしているところです。

たとえば児童虐待のおそれがある家庭で、親に障がいがある場合には、児童虐待対応部門だけでなく、障がい者担当部門もかかわる必要があります。

このような状況で、各担当部署がバラバラの組織だと関係する組織が集まってのケース検討会議を開くための日程調整をします。年度末で皆忙しいので時間が取れなくて、やっと2週間先の開催が決まりました。当日は、会議で半日潰れるということになります。時間がかかって仕方がないです。関係する部署がいっしょの組織であれば、組織内部の検討会議のなかでさっと決められるわけです。

吉田　練馬区は地域包括ケアシステムを担っているのは福祉部です。わたしも、しっかりとした仕組みをつくり上げていくためには、やはり、企画部に担当をおき、全庁的な取り組みをしていかなければいけないと思っています。たいへん参考になります。

１人の担当が50人では、虐待の発見・緊急対応は十分にできない

吉田　児相がどんな問題を抱えているか。聞いたところによると、児相の職員が１人で50人も60人も担当していて、とてもじゃないけどまわらない、ものすごくたいへんだという話を耳にします。

大塚　たいへんだろうと思いますよ。

吉田　練馬区長は、もともと東京都の福祉局長などを経験した人です。この分野については非常にはっきりした意見をお持ちで、練馬区は23区で唯一、児童相談所はつくらないと、はっきり言っているわけです。

練馬区の概要を説明しますと、児童相談件数は２０１７年度には４３２６件になっています。２０１３年度は２４４７件ですから、５年で約２倍です。このところ急激に増加しているという印象です。練馬では子ども家庭支援センターが児童相談を受けつけているのですが、職員数は31人（２０１８年：常勤21人、非常勤10人）で、１人あたり50人以上の子どもを担当していると。職員の負担が重いようですが、これはどこもおなじような状況なの

でしょうか。

大塚　そうですね。

吉田　わたしも幼稚園を運営していますが、児童虐待のニュースを見ると本当に心が痛みます。やりきれないのは、結局、毎回おなじことが言われていることです。つまり人手がなかったと。

大塚　はい。

吉田　そういう状況があって、さて法律改正で区でも児相を設置できるとなったときに、せっかく23区でやってよいというものを、頭からNOと言わなければならない理由があるのかと、最初に疑問に思いました。

大塚　ええ。

吉田　ニュースや区の資料を見ましたが、事情を知らなければ「なるほど、児相は設置しないほうがいいな」と思われるような文章がたくさん書いてあります。そこでせっかく専門の方にうかがう機会ですのでうかがいたいのですが、実際、児相はどこも人手不足なのでしょうか？

大塚　はい。そのとおりです。加えて、児童相談所の職員の問題でいちばん困っているのは中堅どころの人材がいないことです。

理解されにくい児童相談所の職務の難しさ

吉田　よく専門性が必要だと言われますが？

大塚　専門性も重要ですが、そもそも向き不向きの問題もあると思います。

吉田　向き不向きですか？

大塚　福祉系の大学を出て子どもに関連した仕事をしたいと希望して自治体に就職するも、児童相談所に配置されるとつぶれてしまう人がいます。私見ですが、子どもって天使みたいな側面と、悪魔みたいな側面の両方を持っていると思いますが、児相でつぶれる人には、天使みたいな側面だけが好きで、悪魔みたいな側面は苦手という人が多いような気がします。児童相談所に向いてる人っていうのは、子どもの天使みたいなところと悪魔みたいなところの両方好きっていう人じゃないかと思っています。

子どもは、ときには、反社会的な行為やとんでもないことをします。そのような行為に対して嫌悪感を感じることなく、この子はどうしてそのような行為に及ぶのだろうかと率直に興味や関心を持って仕事ができるか、そして、誠意を持って支援しても、簡単には改善しないことが多いという感覚をしっかり持てるか。その2つがないと燃え尽きてしまいます。児相の仕事はそもそも感謝もされない仕事なので、専門性もさることながら、問題行動に対して嫌悪感より興味・関心のほうが高かったり、計画どおりに支援がすすまないことが当たり前であるとわかっていることがだいじなのです。経験が浅い担当職員には「うまくいかなかったからといって、あなたが傷つかなくてもいいよ」と教えてあげなければいけません。児童福祉司の仕事にあんまり向かなかったら別の業務を担当できるよう調整してあげる必要もあります。しかし、後輩を助言指導したり、担当業務の調整ができる中堅どころの層がとても薄いのです。

吉田　人数不足と能力不足ですか？

大塚　もちろん人手不足は厳然としてありますので増員は必要です。ただスタッフの人数はいくら増やしても、児童虐待や不適切な養育という問題は核家族化のなかでこれからもずっと増えるでしょう。また、人員が増えれば、ニーズが掘り起こされるという側面もありますので、慢性的な人手不足の解決は簡単ではないと思います。

人事の難しさ　本庁か現場か

吉田　あと役所内の異動で、希望していないのに来てしまうという人がいるわけですよね？

大塚　最近は減ってきましたが、専門外の方が児童相談所長になることもあります。死亡事例が起きたときの記者会見を課長さんがされることがありますよね。所長さんが専門外だと、現場をよく理解している課長さんがということもあるのではないでしょうか。

わたしも、２００７年に新任所長の研修を受けましたが、全然違う畑から児童相談所長になったという人たちがいて、帰りのバスのなかで、「今日の研修だけど、あんなこと専門外の自分たちに言われても…」と困惑されている方々もおられました。

吉田　２００７年というと15年ほど前のことですね。いまはそうでもない？

大塚　専門職の人が多くなっているとは思いますが、まったく関係ない分野の方が所長になってるところもあるのではないでしょうか。

吉田　当然働いている職員も、入職してからずっとそこというわけでもないですよね。

大塚　そうです。児童相談所の仕事に通じるのに時間がかかりますので、行政の通常の３年異動だと短いでしょう。だから5年くらいは必要だろう、警察官のように、特別職として雇ったほうがいいという意見も出ています。

吉田　行政特有の人事のあり方もあるでしょうね。何であれ、1つのことしかできない人は使いにくいということがあるのではないですか。大塚先生は、児童虐待もやれれば、カリタス学園の事件（※2019年5月28日に川崎市多摩区で発生した通り魔殺傷事件）が起きたときには学校の支援に入られたそうですね。議会答弁もちゃんとなさるし。そういう人は特別でしょうが、公務員は何でもこなせないと。

大塚　一か所にずっと、という人ばかりだと行政は回らないと思います。児童相談所を経験した人が本庁の部長、局長になるという人事異動がないと、よい仕組みはできないのではないでしょうか。

吉田　一か所に長くて仕事を熟知した人もいなければならないし、いろんな仕事を経験した人もいなければならない。そこは両方あってなかなか難しいですね。

大塚　いろいろと異動しつつも自分のサブスペシャリティ（副専攻）は児童相談所の業務ですといったのがよいのだと思います。専門職であっても本庁も経験するという人事異動がよいと思いますが、専門職で本庁業務も厭（いと）わない人は多くないので重宝がられ、本庁に行くとなかなか現場に戻れない場合も多く、ずっと出先機関、ずっと本庁と分かれる傾向があるわけです。

愛情があるのに虐待してしまう　児童虐待は依存症である

吉田　異動にそぐわない仕事だと思いますね。児相に限った話ではないですが。

大塚　児童相談所みたいにシビアな生死を扱うところは、病院といっしょで、同じ先生がずっといるのはいいんです。しかしながら、一方で、メンバーが固定化すると、新しい技術、新しい知識が入ってこないので。こういう緊急性が高いものを扱うところでは定期的に人が変わることもだいじです。

さて、児童虐待に関して、多くのみなさんに理解しておいてほしいことがあります。それは、児童虐待が、ある種の嗜癖（しへき）行動、言い換えれば依存症的行動障がいの1つとして理解できるということです。暴力による、力による支配という行為を繰り返しているうちに、依存性、習慣性を持ってコントロールできなくなるんですね。ギャンブル依存などと同じ、行為過程への依存、嗜癖行動と考えられています。嗜癖行動とは、意志力精神力とか愛情等をもってしてもその行動をコントロールできなくなる行動障がいですから、「だいじな子どもなのだから、愛情を注いでしっかりと育てましょうね」という働きかけは解決につながらないわけです。

吉田　愛情があるのに虐待をしてしまうと？

大塚　たとえば、子どもがちっとも言うことを聞いてくれない場合、親が暴力をふるうと、それまで言うことを聞かなかった子が、一瞬で大人しくなる。子どもが言うことを聞いてくれない根本的な要因は一切解決していないけれども、目の前にある〝言うこと聞かせたい〟⇔〝言うこと聞いてくれない〟という問題からは、瞬間的に解放されて、ホッとしたり、スカッとしたりするわけです。

吉田　それを繰り返してしまう？

大塚　はい。わたしたちの前頭葉にあるA10神経系に、脳内報酬系という快感を伴う行動を「もう1回したくなる」という回路があります。アルコール、その他の依存性薬物は、この脳内報酬系に異常をきたすことがわかっており、この回路にいったんスイッチが入ると、飲酒欲求や薬物使用欲求を自身の意志力では止めることができなくなると考えられていま す。児童虐待に関しては、脳の仕組みとして十分な解明はなされてはいませんが、暴力で子どもをコントロールするという行動を繰り返していると、同様のコントロール障がいが生じてしまうのではないかと考えられています。

ですから、いくら反省して、心を入れ替えたとしても、やめられるものじゃないのです。けれども、そういうことをちゃんと理解している人はごく一握りです。わかりやすく、かみ砕いて言うと、脳の一部が正常に働かなくなっている可能性もあるので、壊れた回路にスイッチを入れないよう、「あまり頑張るな」とか「あまり無理をするな」「脳神経に負担をかけるような振る舞いはするな」といった助言・指導をしなければならないわけです。

吉田　そうなんですね。

大塚　そういうものなのです。虐待をしてしまっている親御さんに対し、愛情を注いだ豊かな子育てができるように支援や助言・指導をすることで虐待しなくなるのではと思っている人が多いですけれども、そんな話ではないことをぜひ理解しておいてほしいです。

吉田　重要な情報です。多くの人に知ってもらいたい。

連携の難しさ

大塚　児童虐待への取り組みに関しては、親への助言や子育て支援などのソフトなものから、親権を制限してでも親子を引き離すことまでやらなければいけないので、それを一続きの取り組みとしてやれる組織が担える環境がよいと思います。現場の職員の精神的な負担もずっと軽くなると思います。

吉田　連携がうまくいかない事例というのは？

大塚　たとえば、子育て機能に課題のある母1人で乳児を育てている一家を、市町村の保健師さんたちが何とか支えているとします。来週の月曜日から連休になり、その間の見守りが手薄となるのでという理由で金曜日の夕方に児童相談所に通報が来るわけですよ。児相としては、調査をしないといけないので、即一時保護とはなりませんし、児相にしてみると、「もっと早い段階で相談してほしかったのに。」ということになります。一方、市町村からすると、「こんなにわたしたちが頑張って支えてきていて、それで困って最後にお願いしたのにどうして児相はすぐに動いてくれないの」と。よくあるやり取りでして、担当者はこの調整にも多大な労力をとられます。これじゃあ現場は疲弊します。

吉田　さきほどのお話のようなことは、わたしも聞いたことがあります。連携するということは悪い言い方をすれば責任の所在が曖昧になることが多いと思いますね。

大塚　司法の判断なしで、本人や親の同意がない状況で親子を引き離すことは国際的には許されていないので、虐待が生じるかもしれないから保護して欲しいと要請されても、司法の判断が入らない状況ですので、児童相談所としては、よっぽどの緊急性を示す根拠がなければ、十分な調査をすることなく、親の同意もなく、子どもを保護することは簡単にはできないわけですよね。

吉田　そういうことを市町村も病院もわかっていない？

大塚　はい。「子どもが危ないから早く保護してくれ」と要請され、児相としては、「わかりました。そのために調査をします」答える。するとその時間が待てずにトラブルになる。

練馬区は児童相談所を設置するべき

吉田　先ほど話に出た練馬区子ども家庭支援センターは全部で6か所あって、総員30人くらいですから平均して1か所に5人はいると。子ども家庭支援センターの事業の中身は、子育て広場、ショートステイ、ファミリーサポート、育児支援ヘルパー、一時預かり、すくすく子育てアドバイザーなどですね。これとは別に保健所があります。

大塚　保健所の母子保健業務はどうなっているのでしょうか。保健師さんが訪問支援や、知的にハンディキャップがある親御さんの子育て支援、声掛けや見守りをやっているのではないですか。子ども家庭支援センターは、1か所あたりの対象人口が10万人ほどになりますね。そこに5人しか職員がいないとなると、そのセンターだけでは、とても全部はカバーできないのではないでしょうか。

吉田　懸念されますね。それより気になるのは、なぜ区が児相を設置しないのかという、その理由です。区長の言うところによれば、それはたとえば児童を保護して親と離さなければいけないときに、なるべく遠くだと。近くで保護すると親が来てしまうからというのです。でも、それが設置しない理由になるでしょうか？　メリットとデメリットを考えていかなくてはならないと思いますね。

大塚　はい。

吉田　つまりまず人がいない。次に広域的で取り組まないと子どもを安全に保護できないと言っているのですが、それが設置しない理由になるとは思えません。ほかの区でもまだできてないしたいへんだとは思いますが、23区のほうでそうした業務をやるのは基礎自治体の義務だと思いますよ。

助けてと声が出せる社会にしたい　児童虐待は犯罪である前に病気だ

吉田　児相に近いことは独自にいくらでもできるじゃないですか。ただ、最後の「保護」ができないということですよね。強制権があるかどうかですね。

大塚　その最後の「保護」だけ児童相談所でやってと言われますが、人権制限にかかわる重要な判断をしないといけないので、早めの連携体制がないと、即応的に動けない場合があるのです。

吉田　70万人以上の人口は、ある意味小さな国でもあるわけです。児相を設置しない理由がわかりませんね。

大塚　児童虐待対応をやるのであれば必要だと思います。

ところで、児童虐待への取り組みに関してもう1つだいじな問題があります。いま、児童虐待事案については、児童相談所と警察が全件共有すべきだという意見が出されていますが、その結果、児童相談所に自ら相談する人が減少するのではないかという危惧があります。

吉田　それはわたしも危惧していますね。

大塚　はい。いまの児童相談所は虐待を取り締まるような機関になりつつあるわけです。これは、児童相談所が設置された本来の目的を考えると、少しおかしい方向に行っているのではないかとも思われます。

吉田　児童虐待は病気としてとらえるべきだ。病気の人は医者が診（み）るべきであって、警察が病人を取り締まるのはおかしいということですね。

大塚　多くの国では児童相談所的なところはクリニック（治療施設）に近いもので、治療や支援を中心にやっています。親権の制限にかかわるような業務は、行政機関や司法機関が担っている。ですから、そういう分け方をするという話は別の次元としてありうると思います。たとえば、練馬区では、子ども家庭支援センターに医師も配置し、子どもに対する診療も含めた支援や、家族支援、母親支援プログラムも準備して、親子再統合等をメインにやることとし、親子を分離するような業務は東京都に任せるという整理であれば、理屈としては通ります。でも、現状から言えば、区が児相を持つのが実情に合っているのではとわたしは思います。

吉田　なるほど。よくわかりました。しかし一般の市民にはわかりにくい話ですよね。

大塚　児童虐待は依存症的な行動障がいという理解が必要です。ですから、周囲の人々が、「心を入れ替えて、愛情を持って、しっかりとした親になりなさい。」といった助言や指導をすると、かえって問題を重症化させます。子どもを死に至らせるような重大なネグレクト事件を引き起こした母親であっても、以前は、保健師の指導もしっかり受けて、懸命に子育てと向かい合っていたということもあったりします。諸事情から1人での子育てが困難となり、助けを求めればよいのに、不適切な養育をしていることを責められる、怒られると感じて相談できず、どうしようもなくなり最後は、子どもがいないことにしようと放置するなんてこともときどきおきるわけです。

吉田　そうなんですね。

大塚　だからそういうときに、「わたしは子育てなんか、1人ではできません、助けて。」と声を上げてほしい。そして声を上げたら、「あっぱれ、お母さん。よく助けてと言えたね」と周囲の人々は褒めてあげてほしい。そんな社会にしないと、児童虐待は減らないと思います。それがいまは逆の方向に行っているでしょう。「何で親がいるのにちゃんとやらないのか」と親が責められる。そのような親はダメで、子育てとしっかり向き合い、ちゃんとできている人は立派だということではなく、うまく子育てできている人は、周囲の人の助けに恵まれていたり、たまたま子どもとの相性がよかったり、要するに運がよいからできているにすぎないかもしれないんですよ。

緊急対応がいかに重要か

吉田　生活ということになると福祉事務所も関係してきますが、児相との関係はどうでしょう？

大塚　児童相談所と福祉事務所の連携は必要です。しかし、両機関は、所管する制度や背景の法律も異なるので、必ずしもうまくいっていないですね。お互いが顔見知りだとうまくいくのですけれどもね。ですから、前述したように、広島県の御調町の山口昇先生は、「異なる組織をいっしょにしてしまおう」と、地域包括ケアシステムを提案しました。複雑困難化してくると、できるだけ組織をいっしょにしたほうが効率的になるんだと思います。

吉田　いまのお話だと生活そのものも児相の仕事としてやっていくと。

大塚　いや、それは福祉事務所の部門がやればいいわけで、児相の仕事としてやるということではありません。福祉事務所部門と児相部門を統括できるような専門性を有するトップを配置することで一体化するのがよいのではと考えています。それぞれの部門の責任者は課長さんや部長さんで、そこでうまく行かなくなったら、所長が連携した作戦を指示する、あるいは特殊作戦のために異なる部署のスタッフによる混成チームを結成するといったことです。

吉田　その考え方を児相に適用して運用するとなるとどうなりますか？

大塚　児童相談所という1つの組織のなかに適用するというより、福祉事務所、児童相談所、その他の関係機関が、別機関でありながらも、一体化して機能する様な仕組みが必要ではないかと思っています。

薬物依存症治療施設・ダルクから取り組みのあり方を考える

大塚　話は変わりますが、薬物依存症からの回復施設のダルクをご存じでしょう。薬物依存症の当事者が運営し、スタッフも当事者であるというのが特徴です。

吉田　ええ。

大塚　児童虐待には、嗜癖行動、依存症的行動障がいという側面がありますので、児童虐待への対応にもダルクのように、過去に児童虐待をした経験がある当事者が、いま虐待をしている親の支援にかかわるということもありうるのではないかと考えています。

吉田　予算の枠を使ってそうした人たちをちゃんと雇えるような仕組みをつくると。そうしたほうが簡単だと思うのですが、役所ってそういうことやりたがりませんよね。

大塚　国民のみなさんのなかには、いろんな考えの方がおられるので、難しいのでしょう。しかし、おっしゃるように、虐待をやったことがある親御さんが支援に回る。それは大切です。子育て支援の市民グループの中にもそういう当事者、経験者が支援をする団体がありますね。「わたしもそうだったのよ」と言える人がスタッフにいるといい。「わたしたちはこんな素晴らしい子育てをやってます」といっているような雰囲気だと、不適切な養育に陥っている人々の支援にはフィットしないと思います。

吉田　なるほど。

大塚　各地の精神保健福祉センターにおいて、アルコール・薬物依存症の当事者を非常勤の相談員として雇用し、相談業務を担ってもらうなど、精神保健分野では、当事者による支援の仕組みが取り入れられています。更生保護の分野でも、元受刑者の保護司さんがいたりするとよいのでしょうが、保護司の要件等、仕組み上は難しいでしょうね。

吉田　それは法律を変えればいいだけですよね。そういう一種の経験値がいまの保護司にはないですよね。「普通のちゃんとした人」でなければならないということで。

大塚　依存症の特徴なんですが、「クロス・アディクション」という言葉もあって、依存対象が変わっていったり、重なっていたりすることがあります。ギャンブルやっているかと思うと薬をやったり。薬もギャンブルもやっていないと思ったら仕事を一生懸命やって業績トップを取ったり、仕事依存症ですね。彼らのなかには、とても人の評価を気にする方が結構多いです。

吉田　そうなのですね。

大塚　だから一生懸命に頑張るというのが特徴です。虐待をする親御さんも、「よい親をやろう」と思って一生懸命にやってしまう。その無理がたたってつぶれて、それでやめればいいのだけど、やめられないから不適切な養育になっていくという側面があると思います。だから、「すいません、もうわたしできません」と言えるような社会にしないとこうした問題はなくならないと言われていますよね。

吉田　いま思ったのですが、不登校の子たちが適応指導教室で元気になっていきます。

大塚　不登校って子どもたちからすると、一生なかったことにしたいような不名誉なことなのです。しかし、適応指導教室には不登校の子ばかりですから、自分より小さな子が「お兄ちゃんも学校にいけないの」とか聞いてくる。「そうだよ。」と答えると、「そうなんだ。お兄ちゃんも自分と同じように学校に行ってないんだ。でも、お兄ちゃんくらいにはなれるんだ。」と反応する。そうすると上の子たちは、この適応指導教室では、「不登校になったという自分の体験が、他の子どもたちに役に立つんだ。意味があるんだ。」と感じられるようになる、そうして回復していくわけです。そんな世界なので、立派なことをして評価されるのではなくて、ダメなことにも意味がある、そんな場所がないと、なかなか回復できない。

虐待に対するとらえ方が変わらなければならない

吉田　核家族化が進んでいくなかで、児相の相談件数が練馬区は5年間で2倍になりました。

それは避けられないことかもしれません。これからもどんどん増えていくのでしょうか？

大塚　児童虐待相談件数というのは、もしも件数が減ったら行政が怠けていると思わなければなりません。いまはだいぶ発見されている。なのにこれだけ死亡事例が出ている。ですから拾えていないものがあるのです。

吉田　学校とか幼稚園とか、虐待があると子どもは来なくなるでしょう。それなら虐待の有無は学校ですぐにわかるわけですよね、長期間登校していなければ何かあるわけですし、登校しても顔を見ればわかると思います。学校との連携はうまく行っていないのじゃないでしょうか。この子は虐待の惧れがあると先生が思っても、そこで止まってしまうケースがずいぶん多いですよね。

大塚　虐待がどういうものかとか、児童相談所がどういう動きをするかということを先生たちに知らせていないからだと思います。

吉田　川崎ではどうやっているのですか？

大塚　川崎だと、地域包括ケアシステムの一環として区役所に教員を1人配置しています。その人が中心になって学校と児相とかの連携をします。全部が全部うまくいっているわけではないけど、調整が上手な先生がいて、他方でリーダーシップが取れる校長が何人かいる区ではうまくいっています。わたしは、「児童虐待をする親の気持ちがわからない」という人が教師や福祉の仕事をやっている限り、うまく行かないと思います。「ああそうなんだね、同じ状況ならわたしもきっとやってしまうね」と思える感覚の先生や関係者が増えない限り、ということです。

吉田　というと？

大塚　要するに、虐待なんてひとごとだと思っていて、一部のおかしな人が虐待をすると考え、虐待をする人をあぶり出そうとするような方向に向かったらいけないのです。「そうか、そんな状況だったら俺もやってしまうよな」と思える人がいないと。皆さん、そこまで考えていないじゃないですか。そしてその前の段階で議論しているので、わたしらからするとずれた方向に行っていると思うわけです。

吉田　たしかにそうかもしれませんね。きょうはわたしもお話をうかがっていて、たくさん蒙を啓かれる思いがしました。

大塚　児童虐待の支援は通常の親子支援に、連続していないわけではないです。ですけど、何と言うか、連続はしていても、ちょっと異なる見方も必要です。医学的な支援が必要です。児童虐待というのは生き死に関係するので、医学モデルで考えないといけないんだけど、日本はあまり医学モデルが生きていないのですよ。それで、医学部の教育でも、外国の医学部や看護学部の教育には児童虐待という科目があるんですよ。教科書もあるんですが、日本はないんですね。だから、児童虐待に特化した教育というのが、医療の分野でも福祉の分野でも必要です。現実はだんだんとそうなりつつあるところじゃないかと思います。

吉田　もっともっとお話をうかがいたいところですが、申し訳ありませんが時間の制約がございまして。本日はまことにありがとうございました。

吉田健一対談　5

対談者　兼子　佳恵　さん

石巻復興支援ネットワーク（愛称やっぺす）代表理事

被災者が被災者支援の活動をおこす！

兼子 佳恵（かねこ よしえ）**さん　プロフィール**

石巻復興支援ネットワーク（愛称・やっぺす）代表理事。

1999年に環境と子どもを考える「イッツ・ナウ・オア・ネバー」の活動を始めた。

2011年、東日本大震災の2か月後に石巻復興支援ネットワークを設立し、被災者支援の活動に取り組む。なお石巻復興支援ネットワークは平成29年度総務省主催ふるさとづくり大賞最優秀賞（内閣総理大臣賞）など数々の賞を受賞している。

怖かった大地震。でも1か月後に活動を始めた

吉田　東日本大震災ではたいへんな思いをなさったのですね。言葉では言いあらわせないようなご経験だったと思います。それなのに被災者でありながら被災者支援の活動を立ち上げられた。並大抵のことではなかったと思います。

発災時にはどうしていらっしゃったのですか？

兼子　地震が起きたときは家族3人でお昼ご飯を食べていました。ただ中学2年生だった次男だけは部活で家にいませんでした。地震直後にすぐにコンビニに走って飲食物を買いました。それから家にとどまりました。

●2011年3月11日14時46分に地震発生。震源地は男鹿半島沖。マグニチュード9・0。津波の高さが3メートルを超えたのは石巻市鮎川で30分後だった。石巻市は高さ9メートルほどの津波が来襲し、この震災でもっとも多い犠牲者が出た。死者3103人、行方不

明488人にのぼった。

吉田　まだ津波は来ていなかったのですか。

兼子　はい。しばらくして津波が来て、1階部分が浸水しました。家の裏の堀がたちまち氾濫してあっという間に水位があがってきました。どす黒い水でした。そのため2階にあがって、もしここがダメになったら諦めよう、そんなことを言いながら夜を明かしました。非常時に備えて風呂場の浴槽に水をためていたのですが、そんなの何の役にも立ちませんでした。

吉田　家族は全員で家にいたのですか？

兼子　いいえ、次男とはその日中連絡が取れず、とても心配でした。ただ、近くの新聞社さんが指示してくださり、中学校の避難所に逃げることができたようで、翌日帰ってきました。完全に水などが引いていなかったので膝上まで泥水につかって帰ってきました。

吉田　そのあと、避難はしたのですよね？

兼子　避難はしませんでした。わたしと次男は喘息の持病があります。それで避難所だと人が多すぎて生活できないと思いました。

ただ次男は避難所に帰りたがりました。

避難所になった中学校では、1人に配られる食料はせんべい半分だけだったそうで、それも取り合いになるような状況だったようです。そういう状況を見かねて、次男は後輩に譲るなどしていたようです。だから戻りたがって……。

わたしは理由がわからなかったので必死で止めました。戻りたかった理由を半年くらいあとに教えてくれました。

吉田　だから友だちのいるところへ戻りたかったのでしょうね。本当にたいへんな経験だったですね。

自分たち被災者が被災者支援の活動をおこす

吉田　9年前の東日本大震災で、被害にあわれ、しかもたいへんな状況のなかで、被災者である兼子さんが被災者支援のNPOを立ち上げた。すばらしいと思います。兼子さんには、お尋ねしたいことがいっぱいあります。

兼子　わたしもお伝えしたいことがあります。被災地の人間は災害があったことを忘れてほしくないのです。わたしも、いつまでも覚えていてほしいと感じています。

吉田　被災から3日目から活動を始めたのですね。

兼子　3日分の食糧があれば生き延びられると聞いていたので、それをたよりにして、自宅にいました。水が引いて家から出てみると、想像以上にたいへんな状態になっていました。それで親しい知り合いに声を掛けて被災者支援の活動を始めました。それが「やっぺす」です。個人で活動を始めて5月に団体を立ち上げました。NPO法人になったのはその年の12月です。

●正式名称はNPO法人石巻復興支援ネットワーク。ちなみに「やっぺす」とは石巻の方言で、「いっしょにやりましょう」という意味である。

吉田　ちょっと調べたのですが、兼子佳恵さんは2000年に「環境と子どもを考える会」を立ち上げましたね。それで子育てについていろいろなサポートをしてきた。また震災の前の年にたまたま全国市町村文化研究所（滋賀県）で開催された多文化共生マネージャーの研修会に参加した。そのとき聞いた話に心を動かされて、田村太郎さんを講師に迎えて講演会を石巻市で開いた。

兼子　田村太郎さんは、東日本大震災のときに、「つなプロ」（被災者をＮＰＯとつないで支える合同プロジェクト）を発足させた１人です。「つなプロ」は、ＮＰＯが分野を越えてつながることで、見落とされがちなニーズを調査し、専門性を持つＮＰＯにつなげる活動をしていました。東日本大震災のときにも「つなプロ」のニーズ調査隊が被災地にやってきたのです。そのときわたしたちが案内役になって、いっしょに避難所を回りました。

子育て中の女性のストレス　被災と子育てのたいへんさ

吉田　兼子さんは子育て中のお母さんたちの問題に目を向けたのですね。

兼子　はい。子ども連れのお母さんたちが孤立していたのです。それであとで子育て中のお母さんのためにママカフェという居場所をつくることになるのですけどね。

吉田　子育て中のお母さんはただでさえ煮詰まりやすいです。わたしも幼稚園を経営していますから、そういう姿を見聞きしています。こころが痛みますね。そのうえに大震災が襲ってきたのですから、負担は二重になります。並大抵のストレスではなかったでしょうね。

兼子　子育て中の女性を対象にしたノーバディズ・パーフェクトというプログラムがあります。完ぺきに子育てできる人なんていないから、あんまり思い詰めないでねというプログラムです。それも何年も続けました。とても人気のある講座です。人に言えない思いを打ち明けられるのですね。いまは石巻市教育委員会生涯学習課が引き継いでくれたかたちになっています。

吉田　カナダで始まったプログラムですね。

兼子　震災で受けたこころの傷はかんたんには治りません。たとえば女性の生き方について内閣府の全国調査では6割の人がずっと働き続けるのがいいと答えています。子どもが生まれたら仕事を辞め、子育てが一段落したらふたたび働き始めるのがいいと答える人は2割です。でもわたしたちの調査では、全然違います。働き続けるという人と再就職がいいという人は、まったく同数で36％でした。石巻市の調査でもおなじ傾向になっています。内閣府調査の結果とはあまりにも違っています。こういうところにも震災で受けたこころの傷があらわれているのではないかと思います。

吉田　なるほど。それでお母さんたちの居場所をつくった。

兼子　震災の翌年6月に、ママカフェをスタートしました。公園や文化施設は壊滅的な被害を受けていましたし、子育中のお母さんが孤立しないように、行き場のないお母さんのためにママカフェをつくったのです。JR石巻駅の真ん前にあるビルの2階にあります。親子でゆっくりすごせる居場所にしようと、ベビーベッドもおきました。カフェの名前は、夢に向かって羽ばたきたいという願いを込めて「カフェバタフライ」にしました。

場所をつくると、あれもしたいこれもしたいと、みんなの夢はどんどん広がっていきました。ママカフェに行けば小さい子といっしょに焼きたてのおいしいパンが食べられる。店長を経験できる。ママ友とイベントを企画できる。イベントに参加してリフレッシュもできる。ママカフェはそんな場所に育っていきました。

吉田　夢がありますね。聞いているだけでわくわくします。

女性の仕事おこしを支援する

兼子　わたしたちが力を入れてきたのは、女性の就業支援や起業支援です。女性の就労のためのスキルアップ講座やパソコンの研修スクールもおこなってきました。いろいろな団体と連携して、地域の女性たちにいろいろなプログラムを提供しています。もちろんこういう事業は企業との連携と自治体との連携がなければできません。必然的に企業や自治体とのコラボレーションに取り組むことになるのです。たとえば女性の人材育成スクールが実施できたのは、石巻市がかかわってくれて、日本ロレアル㈱に寄付をいただいてでなければ実施できません。おなじようにして、わたしたちは企業のボランティア受け入れをコーディネートしました。それから石巻復興起業家ゼミなども開催しました。

吉田　阪神・淡路大震災発生後1か月時点ではボランティアが60万人活動していました。しかし東日本大震災発生時のボランティアは26万人しかいなかったそうですね。地理的要因もありますが、調整機関の許容力に合わせてボランティアを受け付けざるをえなかったからと言われていますね。このようなことに関して実情はどうだったのでしょうか。

兼子　いろいろな所から支援の手が入ってきて、ありがたいと思うことはとても多かったです。ただ長く復興という面にかかわってわかったのですが、被災地の自立支援という面も考えるとそもそもみなさんが考える面とは違う意味でのミスマッチを感じました。

吉田　ミスマッチ？　それはどういうことなのでしょうか？

兼子　被災地では職場そのものが流されてなくなったとか、そういうことで仕事を失った人が大勢います。そして職場がなくなっても自宅には被害がなかったとか、または全壊を免れたり、かろうじて残ったりなどといった場合があります。そうするとどういうことがおきるか。その人たちは仕事を失ったという意味では他の人と同じです。しかし食料や飲料の配給のときに「お前は家が残っているから」と言われて、残り物しかもらえなかったりするのです。被災後の生活という点では苦しいことに変わりはないのです。

吉田　そういう人たちはどうなるのですか？

兼子　苦しさがわかってもらえないですね。生活がきついという点では、被災ということ以外での苦しみを全部抱えこんでいますよね。収入もないですし、また自信も失っていってしまいます。社会復帰が遅れていたり、新たなこころの傷をつくってしまいます。

吉田　そういう人たちに仕事を提供しなければいけないということですね。

兼子　そうです。自立支援と言いますか。わたしたちは「おうちしごと」と言って、昔、内職といったような家でもできる仕事を企業と提携してつくったりしました。災害復興は就業の機会をつくったり、仕事おこしを支援したりして、収入の場をつくることがゴールなのだと思います。

ミスマッチということの本当の意味は何か　被災者の自立が第一

兼子　ミスマッチということの意味に戻りますが、自衛隊やボランティアの方々ががれきの撤去や、家の泥出しなどすべてをやってくれました。それ自体はとてもありがたいことです。でもそういうことにたよってばかりいると「支援慣れ」をおこしてしまうのです。「支援慣れ」は本当の復興を遅らせてしまいます。ここがとても難しいところですね。

被災者が壊れた自宅でがれきの撤去をしたら、それは当然のことと思われます。そのとおりなのですが、わたしは被災者にいくらかの手当を出していいと思います。

吉田　つまり自衛隊やボランティアにやってもらっていたがれきの撤去などの仕事を、被災した人たちにしてもらうわけですね。それを仕事として提供していくことがあってもよいのではないかと。自立への道ですね。とても興味深い話です。外部の人間は、「助けてあげたい！」その気持ちで、ボランティア活動をしてくるのですが、それがミスマッチになりかねない要素もあるということですね。

兼子　はい。その仕事の報酬として国の予算を使って頂ければと思うのです。そうすればお金も被災者や本当に困っている人に入ります。また仕事をしていくなかで自信を取り戻していけます。地元の人が元気を取り戻していけば、町には活気が生まれます。そうすれば、本当の復興に近づくのではと思います。

吉田　建物などの復旧もだいじですが、やはり、人。被災された人が元気になる仕組みを真剣に考えなければいけないということですね。そして、実情としては被災者のための義援金が外に流れた部分もあったということですね？

兼子　はい。多くの方がボランティアや復興支援ということでさまざまな活動をしてくれたのですが、その結果としてお金は外の団体に流れて、現地にはあまり落ちなかったということもあると思います。

吉田　つまりボランティアのあり方ばかり注目されるが、現地の持つ力を活用するということが重要だということですね。そのためには普段から民間登用などを積極的にして、非常時に仕事を回せるようなシステムを構築しておく必要がありますね。

復興がすすんでいくときには被災地の政治経済的変化がおこります。そのために地域コミュニティの破壊と住民の疎外という2度目の破壊が起こると言う人さえいます。たとえばジャーナリストのナオミ・クラインが災害資本主義などという言葉を使っています。それは格差の拡大も引きおこすと言われますね。

仮設住宅の暮らしをきめ細かに支援する

兼子　仮設住宅や避難所などでは、どうしても周りの人も全然知らないという状態をつくってしまいます。そこでわたしたちは仮設住宅のコミュニティ支援を始めました。それは2011年8月からでした。コミュニティ形成支援活動「やっぺす隊がやってくる！」です。土日は外からやってきたボランティアが入るので、やっぺす隊は土日以外の日に行きました。入ったのは開成仮設住宅でした。ここは規模が大きく、約7000人もの人が住み1800戸もの仮設住宅がありました。

吉田　コミュニティ支援というのは具体的にいうとどんなことから始めたのですか？

兼子　はじめは皆で集まって、お茶会をしようというところからです。ただそれだけをしているとだんだん辛い話に戻ってしまうのです。そんなことの繰り返しになります。そこでみんなで何かしたいことはないか話し合いました。たとえば棚が必要だよねとなったら、材料を用意して棚をつくり、ベンチが足りてないよねとなったらベンチをつくるといったように、外部からの支援者や住民のみなさんと協力して必要なことをしていきました。そうするとみんなが元気になっていくし、作業しているうちに別のコミュニティの人と知り合ったりして自然に輪が広がっていくのです。他の団体につないで活動したりということもしました。

やっぺす隊が入っても、はじめは「やってもらうのは当たり前」という雰囲気でした。テーブルを出すのも、準備するのも、入居者はただ見ているだけだったんです。あるとき、たまたま震災前に近所に住んでいた人が仮設にいて「おなじ被災している同士なんだっちゃ！」。それでいっぺんに空気が変わりました。

吉田　あ、そうか。被災者が被災者支援をすることが重要だというのはそういうことなのですね。

兼子　やっぺす隊の女性たちも、自分たちと同じ被災者なのだということがわかると、「わたしたちもやっぺっちゃ（やらなくちゃ）」と、積極的な人が増えました。こうして「お茶っこ」や「マッサージ」の活動に参加する人びとの雰囲気が変わったのです。それからは公園整備や農園事業などにもかかわり、いっしょにつくり上げてきました。

仮設には14の集会場や談話室がありました。わたしたちは、そこでイベントを始めました。どんなイベントかというと、仮設の中に手芸とか書道とかの得意な人が必ずいるでしょ。その人たちに声を掛けて、講師になってもらいました。絵手紙の教室を開きました。文化の日には作品展示をしました。手工芸講座の参加費は無料にしましたが、材料費は自分持ちにしました。全部ただだと、いっとき得した気分になるかもしれません。でもそれが続くとだんだん惨めな気持ちになります。そうしたらいつまでも前を向けません。あなた支援する人、わたし支援される人という関係になってはいけないのです。

吉田　なるほど。さっきからうなずくことばかりです。どうしても避難生活のコミュニティは分断されてしまうでしょうしね。

兼子　仮設住宅の入居者は公募抽選などで選ばれますから。

吉田　人と人のつながりをつくり上げることは、簡単なことではないですね。行政が、市民参加のなかで、その仕組みをつくり上げていかなければいけませんが、市民に積極的に活動してもらう仕組みでなければ、成果を上げることはできません。

指定避難所と避難訓練のあり方はこれでいいのか？

吉田　お話しをうかがっていて思ったのですが、避難所といっても飲食物の備蓄も十分とは言えなかったのですね。加えて病気を抱えている人にとっては生活がしにくい。そんな環境だったのですね。つねづね感じていますが、震災が来たとき、自分はどうするのだろう？　自分自身や家族をどうするのか？　母親を、子どもを、何もない学校や公園が避難所になっているからといって、そこに避難させるのか？　いま、兼子さんの話を聞いて、当たり前ですが、自宅で待機するという選択肢もあるのだということを思いました。ただ、自宅にいると決断するのは難しいですね。

兼子　そのとおりですね。やはり、市民センターや公民館またはホテルなど比較的人が長くいるように設計された建物を避難所として開設したほうがよいのではないでしょうか。

吉田　ホテルの活用は、アイデアですね。空き家なども含めて、いわば不動産コミュニティをつくるなどして防災に活かすということも考えられます。現状の指定避難所の選定からあり方まで見直すべきですね。避難や防災という面で考えると震災後に変わったところはありますか？

兼子　震災後の避難訓練には失望しました。町内会の女性部の人がご飯を炊いておにぎりをつくって、参加者を並ばせて食べるだけ。そんな訓練役に立たないって震災で実感したはずなのにちっとも変わっていない。震災のときは渡す食料すらなかったのですから。

もっと実情に即した訓練でないとだめです。避難所に各家庭から備蓄用の食料を持ってきて食べるとか。

吉田 備蓄だけにたよるのではなく、家から食料を持参する。それは大切なことですね。訓練のときに、備蓄の食糧を使うのではなく、自宅から食べ物を持ってくる。そのことが各家庭での訓練になりますね。被災したときのために乾電池や照明器具などは用意している家庭は多いと思いますが、食糧は、避難場所にあると思っている方は多いと思います。東日本大震災で被害に遭われた方々の日常生活についての情報は意外と少ないです。でも、被害に遭われたところでさえ、その体験が十分生かされていないとなると、そこがいちばん難しい点ですね。

兼子 そうです。それがだいじなのです。父も母も、娘も息子も、家族全員が非常時に何がどこにあるかをわかっていなければいけません。このような当たり前がなかなかできていないのです。避難訓練は単なるセレモニーになっていてはダメです。ちゃんと当事者意識を持たないと。いざというとき役に立ちません。

防災意識をどう高めるか？

吉田　実態に即さないかたちの訓練や、備え方は変えていく必要があるとだれもが思っていますが、被災しても訓練に反映されない。何よりも、震災は必ず来るという自覚が足りません。難しいものですね。

兼子　震災後にはたしかに備蓄が増えたり、プライバシーに配慮したダンボールベッドができたりなど変わった部分もあります。しかし、変わったといっても一部ですし、ものを増やすだけでなくもっと工夫していけるところがあると思います。先ほどの不動産コミュニティもそうですが、もっと防災力を強化することはできるはずです。

吉田　わたしの地元のことを考えても、われわれ区民も役所も、真剣に震災対策を考えているのか、今までの、震災でどのように学び、どう備えるのか？　そう思うとこころもとないですね。十分な検討がなされているとは思えません。練馬区でも、防災訓練は実施されていています。わたしも消防隊員の１人ですから参加しています。でもその訓練が本当に実効性があるのか？　疑問に感じるときもあります。

ＰＴＡと町内会とネットワーク

吉田　避難所の風景はこの１００年間あまり変わっていないと言われますね。大きな体育館に大勢の人があつまるというイメージです。でも考えてみると、21世紀になって１００年前と変わらないとしたら、どこかに間違いがあるのかもしれませんね。
　ところで町内会などはどうでしたか。町内会を災害を生き延びるリソースの１つと位置づけるとすると、それは機能したのでしょうか？

兼子　わたしはＰＴＡでのつながりのおかげで、みなし仮設にすぐ入ることができました。やはり、顔の見える関係のコミュニティがだいじだと思います。そういう知り合いがいない方は住宅の件も含めて、いろいろな面で困っていましたね。町内会は一見たよりになりそうですし、たよりにならなければいけないのかもしれませんが、町内会は配給のとき以外では期待どおり機能したとは言い難いのではないでしょうか。

吉田　わたしも、町内会という1つの団体だけにたよるのではなく、いろいろな団体が参加するネットワークをつくり出していかなければいけないと思います。大規模な災害がおこれば、どうしても混乱は生じます。それは避けられないでしょう。混乱がおこるのはやむをえないこととして、そのうえで避難計画が、絵に描いた餅にならないようにしなければなりません。そのためには地域の人たちがそれぞれにインフォーマルなネットワークを持っていることが重要なのではないですか。

兼子　そうなんです。わたしが被災者支援の活動に踏み出すことができたのも、地域の外の人たちとのネットワークをたよってのことでした。たとえば農家の人が被災したとして、農協のつながりで他所の地域の農家の人たちと日ごろからつき合いがあったとするでしょ。そうしたらそのつながりがとても大きな役割を果たしたりするのです。

「ボランティアの手が足りない」は本当か。現地の力の可能性

吉田　支援ミスマッチという問題も浮き彫りになりました。義援金の遅配という問題もありましたね。

兼子　そうですね。わたしたちは震災後2か月後には支援活動をしていましたが、かなりの費用がかかります。はじめに援助をして頂けたのは日本財団からです。それは震災後、1

か月の時点でした。法人格も持っていない団体でしたが、すぐに支援してくれました。ありがたかったです。

吉田　そのとき、行政は何をしていたのですか？

兼子　わたしたちは行政にも援助を求めたのです。そのときの行政の対応は納得がいきませんでした。本当に必要なことだったのですが、行政はすでに指定管理者があるから、そこに全部任せる。だからあなたたちにお願いすることは厳しいと。それはわかりますが、正直に言うと、お前らはやるなと言われた気分でしたね。

吉田　やはり行政は臨機応変な小回りが利かないことが多いですからね。緊急時は、平時のやり方の延長でよいのかどうか、じっくり考えてみなければなりませんね。税金や義援金の活用ですから、住民の理解を得ないとだめですが、だからこそ時間と労力をかけて、住民とともに防災計画をつくりこんでおかなければならない。わたしはそう考えています。

兼子　申請書なども行政と民間では形式がまったく違います。日本財団の申請書はだれにでも書けるものでした。行政からの援助はどうかといいますと、それを物語るものに報告書の話があります。行政のものは、お金を何に使ったか、消しゴム1個から報告をしなければなりません。申請書や報告書だけを取っても、もう少しどうにかならないのかと思ってきました。非常時には、煩雑な申請書や報告書を書くなんて悠長なことはできないですよ。

吉田　行政は入り口での最初の審査は厳しいです。非常時に活動を始めた兼子さんは、そこのところで壁を感じたわけですね。ところが行政は、一度審査が通ればあとはほとんどスルーというところがありますね。審査を含めて、運用のあり方は変えないといけませんね。結局、民間の財団がいちばん兼子さんたちの活動を支えた。このことは、多くの自治体に考えてもらいたいことです。

兼子　そうですね。わたしたちが活動を続けてこられたのも、民間の財団や企業からお金を出してもらったからです。行政も、考えてもらいたい点ですね。ボランティアの手が足りないんじゃないんです。被災者の力をもっともっと活用しなければならないんです。

これからのまちづくり　地域を越えた地域コミュニティ

吉田　市町村によって課題はずいぶん違うと思うのですが、まちづくりや暮らしやすさという視点から見ると、どんなことを考えていますか。

兼子　石巻では若い女性の流出率が高いのです。若い女性が地域から出て行ってしまうんです。そこで女性に対していろいろな取り組みをしています。たとえばノーバディズ・パーフェクトについては、さっきお話ししましたね。子育て中の女性が対象です。受講すると、みんな元気になってもらえました。講座はファシリテーターが２名入ります。そして、自分の力で課題解決をしていくプロセスを経験してもらいます。最近は子どもが少ないぶん、以前よりいい子に育てようとがんばるんですね。そのため子育てに疲弊している方が多いのです。１人の女性としてすごしてもらうということも重視しています。

ノーバディズ・パーフェクトの活動をしていて、貧困やＤＶなどの問題に気づくこともあります。そんなときは他の団体さんにも協力を仰いで、解決に向けて動きます。

吉田　兼子さんたちの活動を見ていると、市民が動き出さなければ地域社会はよくならないと痛感します。行政の仕事は、市民がそれぞれに居場所を持ち、自信を持って地域で活動していくことを支えることです。地域には、本当にいろいろな人材がいます。その人たちと連携していくことですね。

そして防災や暮らしやすさを考えると、町内会だけではなく、多くの地域コミュニティも活性化させていくことです。また、現実のネットワークだけでなくオンラインの活用なども含め、地域コミュニティのあり方を考えていかなければならないでしょう。

いま新型コロナウイルスの感染拡大で、世界中がパニックになっています。しかし、専門家は指摘していましたが、ある周期をもって、感染症のパンデミックはかならず出現しています。

わたしたちは、呑気（のんき）にもそのことを忘れてしまっていました。というよりも、わかっていたのに、目を背けていたのかもしれません。大震災も間違いなくやって来るでしょう。25年前の阪神淡路大震災、9年前の東日本大震災は、いまだに、強烈な記憶として残っています。しかし、記憶はだんだんおぼろげになっていきます。兼子さんもおっしゃっていましたが、記憶を風化させないことはとても大切なことです。過去からきちんと学び、実態に即した災害対策を地域全体で心掛けていかなくてはなりませんね。そして、そのためには、繰り返しになりますが、活力のある地域コミュニティをたくさんつくり出していくことが必要だと強く思います。

家族を大切にしたい

1.

人間にとって何がいちばん大切か。考えてみた。

もちろん自分がいちばん大切だ。いちばん大切なものは自分だ。ではその次は？　お金か？　仕事か？　国か？　家族か？　いろいろ考えてみるが、わたしにとっていちばん大切なものは家族だ。みなさんはいかがだろうか。

政治家が国民より自分の家族を大切にしたら、非難されるだろう。たとえば新型コロナのワクチンを、こっそり家族に優先的に接種したら、激しく批判されるだろう。それは論外だ。けれどもわたしが言いたいのはそういうことではない。

人によっていちばん大切なものは違う。家族よりも仕事が大切だと思っている人もいるだろう。命の次に大切なのはお金だと本気で感じている人もいるかもしれない。わたしはそういう人たちを全然批判しようとは思わない。人間は多様なのだ。そういうことを全部認めたうえで、わたしは、と聞かれたら「家族」と答える。これはわたしという人間の個性だと思ってほしい。

2.

こんなことを考えるのも児童虐待という問題に非常な難しさを痛感しているからだ。親は必ずしも憎くて子どもを虐待するわけではない、と思いたい。虐待にも、心理的虐待や身体的虐待などがあるが、ここでは身体的虐待について話をする。虐待をする親は、躾＝暴力という回路ができてしまっているのだ。なぜなら、虐待をしている親の多くは、自分自身も暴力を受けて育ってきたからだ。そのため、暴力＝愛情だと錯覚をし、恋人・夫婦・親子間での暴力につながっている。また、その価値観が共依存をも生み、連鎖が起きる。そういう回路ができてしまっているのだ。そう考えると虐待した親に必要なのは刑罰よりも更生プログラムである。アルコール依存や薬物依存とおなじである。これは欧米の先進国が向かっている方向だ。

しかし他方で、子どもの命がかかっている。子どもは、どんなにひどいことをされても、親についていこうとする。わたしが知っている子ども（A君）は、母親と弟と3人で暮らしていたが、母親が恋人の所へ行き、何日も家を空けていたとき（ネグレクト）に震災が起きた。恐ろしく不安になったA君は弟の手を引いて警察署へ行き保護を求めた。小学校3年生だった。母親が迎えに来るまで児童養護施設ですごした。その後母親と連絡がつき、一緒に家へ帰ったが、母親やその恋人からの虐待は続き、自分で決心をして自らの足で児童養護施設へ行き保護を求めた。連絡を受けた母親が迎えに来たが、帰ることも母親と会うことも拒否をした。その後、A君は里親の元で暮らしている。引き取られた当初は感情が高ぶると里親を叩くことがあった。しかしそのつど、自分の気持ちを暴力で表現することは間違いだということを一生懸命伝え続けた。また、赤ちゃん返りによって自己肯定感を高め、いまは里親の元で元気に明るく暮らしている。しかし、A君のように自分で親もとを逃げ出し、SOSを発信できる子どもなどごくごくわずかだ。暴力を振るう親から子どもを引き離した場合、引き離したものは安全な環境を提供するだけでなく、愛情を提供しなければならない。子どもには、自分を大切にしてくれ、甘えてもわがままを言っても受けとめてくれる存在が必要だからだ。いわば新しい親が必要だ。

いま日本には何らかの事情で親といっしょに暮らせない子どもが4万5000人ほどい

る。そのうち約85％は乳児院や児童養護施設で育っている。里親の家庭で暮らしている子どもは6000人ほどだ。里親の拡大版のようなファミリーホームという新しい制度もできたが、やはりいっしょに寝起きしていて、いつも自分のことを目にかけてくれる親のような存在が、子どもには必要なのだ。

わたしは人口50万人規模の自治体には児童相談所が必要だと思っている。嫌も応もない。絶対に必要だ。命を守らなければならないからだ。そして真っ先に考えなければならないのは、虐待された子どもをどうやって育てていくかということである。どうやって育てていくか。それはちょっと誤解されるかもしれないが、子どもに新しい家族を提供することだ。

わたしが、いちばん大切なものは家族だと考えるのは、そういうことなのである。

3．わたしは10年前に妻を亡くした。

妻と知り合ったきっかけは1991（平成3）年の東京都知事選挙だった。わたしが24歳、妻は19歳だった。わたしが吉田公一都議の秘書として選挙事務所に出向していたときに妻は事務スタッフで働いていた。「選挙を手伝いに行ってるのか、彼女と遊びに行ってるのか」と吉田先生には冷やかされたものだった。

4年後に結婚した。結婚式は1995（平成7）年5月3日だった。ゴールデンウィークの真ん中に披露宴を決行したので友人からは非難ごうごうだった。結婚後、2、3年は練馬区田柄町内の賃貸マンションで生活していたが、その後は実家でわたしの祖母、父、母と同居生活となった。平成8年3月に長女、平成11年に長男、平成13年に次男が誕生した。

子育てに関しては、最初のうちはわたしはあまりかかわらなかったと思う。ガソリンスタンドを経営していたのだが、当時はなかなか経営がきびしく、ストレスが重かった。ストレスを発散するためか単に好きだったかどうかは忘れたが、飲み歩いたり、麻雀をしたりとあまり褒められた父ではなかったと思う。そのためというわけではないが、ケンカしたこともなかった。

4．結婚して10年後、そんな生活が突然暗転した。妻が腎臓の疾患がもとで軽い脳内出血を起こし、救急車で病院に運ばれた。

それからがたいへんだった。次男は小児喘息で入院し、わたしが病院に泊まり込んだこともあった。大部屋の床に簡易ベットをおいて何泊かした記憶がある。結構きつかった。

脳内出血をおこすと、精神的に非常に苦しむ人が多い。そして妻が苦しむ様子を見ていて、わたしも本当につらかった。何が原因で妻が苦しむのか、わからなかった。わからないことで、わたしも苦しんだ。脳内出血をおこすとうつのような状態になる人が多いことも、はじめは知らなかった。だからなおのこと、わたしはどうすればいいかわからず、おろおろするばかりだった。何もしてあげられない自分が本当に情けなかった。

ガンになると、本人はもちろん苦しむが、家族も本人とおなじように苦しむと言われる。わたしは何となくわかる。家族は自分の次に大切な人なのだ。

5. 10年ほど前に妻は亡くなった。長女が高校2年生、長男が中学2年生、次男が小学6年生のときだった。

その後、当然子育てはわたしがした。学校のこと、受験のこと、毎朝弁当をつくったり、洗濯したり、すべてだ。もちろん、父、母、義理の母、そしてわたしの妹などみんなが手を貸してくれた。また、事情を知ってか学校のママ友も何かと助けてくれた。わたし自身も仕事が自営業で時間が自由になった。だから何とかかんとか子育てできたのだと思う。

人間は1人で生きているのではないとつくづく思う。

3人の子どもたちはとくに問題もなく素直に育ってくれている。子育てのなかでやり切ったと思っていることは受験である。子どももいずれは大人になる。就職も自分で決めて、結婚相手も自分で探してくるだろう、そんななかで自分が子どもにできる最後のことが大学受験だと思った。それまでは偏差値の意味もよくわからない、模試の結果の見方もわからなかったが、もともと人に聞くことが恥ずかしいと思わない性格なので、先生をはじめ、仲のいいママ友にいろいろ相談して助けてもらったものだ。とくに親しくしていたママ友には「娘が希望の大学に入ったらハワイに連れて行ってあげるよ」と約束までしていろいろと協力してもらったが、約束はうやむやにしてしまった。願わくはその方がこの本を読まないことを祈っている。

わたしは子育てから学んだことがたくさんある。むしろいままで学んだことのほとんどが子育てから学んだことと言っても過言ではないだろう。子どもたちにわたしの気持ちを理解してくれとは思わないが、子どもたちが親になった時に少しでも感謝してもらいたいものだ。

吉田健一対談 6

対談者 福嶋 浩彦 さん

中央学院大学教授、元消費者庁長官、元我孫子市長

本当の市民自治をどう実現するか？

福嶋 浩彦（ふくしま ひろひこ）**さん　プロフィール**

中央学院大学教授　元我孫子市長　元消費者庁長官
鳥取県生まれ、64歳。1995年38歳で我孫子市長に。市民自治を理念とした自治体改革を推進。全国青年市長会会長。

３期12年で自ら退任して中央学院大学教授に。

2010年から消費者庁長官。東日本大震災の原発事故のもと、自治体と連携し食品の安全確保に取り組む。２年間の任期を終え大学に復帰。

著書に『最先端の自治がまちを変える』（朝陽会）、『市民自治』（ディスカヴァー携書）など。

すべて市民の見ているところで

吉田　市民自治って言葉で言うのは簡単ですけれども、実現するのはなかなか難しいと思うんですね。知恵が必要です。まず感じるのは、議会との関係です。首長からすると自分に反対するような議員は相手にしないという態度をとる人が多く見受けられると聞いています。そのうえ議員だけでなく、住民に対しても異なる意見の人とは、話もしない。そのようなタイプの首長が少なくないと言われます。福嶋さんは、首長のあるべき姿をどのようにお考えですか？

福嶋　わたしは市長のとき、議会の根回しはせず、すべて市民に見えるところで議会と議論しました。また、市長選で応援してくれた議員、対立候補を応援した議員、1ミリも差をつけず対応しました。もちろん市民に対しても同じです。すべての市民と平等に向き合い、支持者よりむしろ支持者ではない人の話を優先して聴きました。そのほうが、わたしの政策の欠点をより明確に見つけることができるからです。こうして、市民全体の合意をつくり出していくのが首長のリーダーシップであり、首長の役割でしょう。

吉田　なるほど。多くの首長が自分を支持した人たちとの関係を深めていく一方で、福嶋さんはあえて逆のことをしたわけですね。しかし、簡単ではありませんよ。議会や支援者はどのような反応でしたか？　福嶋さんのやり方に賛同できない人もいたことでしょう。

福嶋　ええ。何もかも市民にオープンに、みんな平等に、というやり方は、議会も市民の支持者も戸惑ったかもしれません。支持者を特別扱いしないという点で、「もっとも支持者に冷たい市長」だったかもしれません。でも、そういう姿勢を多くの人が支持してくれたのだと思います。

吉田　福嶋さんの根気強い人柄があってこそですね。たまに報道でもありますが、議会で発言する原稿は職員がつくっていて、議員は読み上げるだけ。首長の根回しによって最初から結果は決まっている。かなりの数の地方議会で議員は名誉職と化していると言われます。この点、福嶋さんはどう思いますか？

福嶋　本当にだいじなことは市民が直接決める、という直接民主制が地方自治の土台だと考えます。しかし、あらゆる問題をすべての市民で議論して、つねに住民投票で決めるなんてことはできません。ですから、さまざまな市民の意見を代表する議員同士が議論し、市民に代わって市民の合意をつくっていく議会はだいじです。ただ、議会が単なる首長提案の追認機関であるならば、議会は不要でしょう。ましてや、質問原稿を行政職員につくってもらうなど論外です。議会が市民の目が届かない閉鎖された空間になってしまうと、いろいろな歪みが生じると思います。オープンな場でオープンに議論し、みんなの見える場で決めていく。それが議会でなくてはなりません。

大切なのは情報公開

吉田　そうですね。わたしもつねづね行政は情報公開が何よりも重要と考えていました。ところが役所は情報を隠したがる。黒塗り文書というものがその典型ですね。知り合いから見せてもらったことがあるのですが、題名と見出し以外の数百ページ、なんと全部黒塗りです。だれかが黒に塗ったということです。黒に塗るだけでも人件費が相当かかっているのではないかと思います。税金の無駄づかいここにきわまりと感じます。わたしは情報をオープンなものにしたいという思いがあります。そもそも役所には隠さなければならないことがあってはならない。

福嶋　隠さねばならないものは基本的にありません。個人情報が漏れたり、入札情報が一部の人に事前に漏れたりしたら困りますが。

吉田　会議なども議事録をいつでだれでも閲覧できるようにしておけばよいだけだと思うのです。我孫子市ではどうなっていたのですか？

福嶋　議事録はいつでも見られます。その前提となる会議公開も情報公開条例に位置づけました。わたしが市長になってから、あらためて我孫子市の情報公開条例を強化したのです。「知る権利」も明記しました。同時に、条例の条文だけではなく、運用も大切です。公開請求して非公開決定になってしまったとき、市民は審査会に不服審査請求できますが、その審査会委員に積極公開の考えを持つ人をそろえました。国の情報公開法を求める運動の中心になっていた弁護士さん、我孫子市の条例制定のときに市へいろいろ提言した弁護士さんにも委員をたのみ、日本でいちばん、公開に前向きな審査会をつくりました。もし職員が中途半端な理由で非公開にしたら、確実に審査会でひっくり返って公開になりますので、職員も緊張感を持って判断することになったと思います。

吉田　なぜ非公開になってしまうのでしょうか？

福嶋　現在でも自治体によっては、行政に都合の悪いことは非公開にしたいと思っている節があります。ある自治体では、傍聴可能な審議会であるのに、審議会での行政側の発言が黒塗りになっていました。これは明らかにダメですよね。

吉田　それはあまりにも非常識です。

福嶋　わたしが消費者庁長官だったとき、問題があった事業者への行政処分は公開するが、行政指導にとどめた場合は公開しないというのが政府の基本ルールでした。しかし、行政指導であっても、今後さらに消費者が被害を受ける可能性が高いと判断したものは、消費者に注意喚起するためにも公開しました。政府の統一ルールを崩すのはいかがなものかとも言われましたが、総務省の情報公開担当の政務官とも話して公開に踏み切りました。

そのとき、おなじような公開事例があれば論拠にしようと国の情報公開審査会の議事録を見たのですが、非公開の事例ばかり。しかも、官庁側よりむしろ委員側が公開するなと言っているものもありがっかりしました。

吉田　それはひどいですね。わたしは原則公開としていいと思うのですが。

福嶋　話は広がりますが、きわめて身近な例で、クレーマーみたいな人はたしかにいる。行政はそういう人を別室に通してクローズドな場で対応するんです。そうするとますますモンスター・クレーマーになる。逆にオープンにすれば、まわりの市民がそれを聞き、それはおかしいと意見を言い、淘汰されます。たとえば、「塾に行かせたいから、わたしの子どもには授業のあとの教室掃除をさせるな」という親がいる。では、「保護者会の会合で、皆の前で言ってください」と。そうすると保護者会では、他の親から「なんであなたの子が塾に行くため、ウチの子が余分に掃除をしなければならないのか」となる。おかしな要求は淘汰されるわけです。それなのに、役所はしばしば逆をやりますよね。

吉田　オープンにしたほうがよいだろうと。隠すからクレームになる。隠れた部分をついて。次元は違いますが、わたしも幼稚園の理事長をやっていて、オープンな運営に取り組んでいます。たとえば、送迎バスが急ブレーキを踏んだとか、5分遅れたとかまで保護者に公開するわけですよ。すると、最初はいろいろな意見が寄せられます。ですが、しばらく公開を続けると、そういうのがなくなるんですね。やっぱり、何ごとも隠すからいけないのであって、公開していれば大きな問題につながらずに済む。でも最初は何でもたいへんですよね。

福嶋　そのとおりですね。わたしは市の予算編成の過程も公開しました。各課からどんな予算要求があり、それを市長が削った、増やしたなども全部わかるのです。そのほうが絶対よいです。有力議員や自分の支持者のためにこっそり便宜を図ったりすると、秘密にせざるをえなくなるのでしょうが――。

要介護認定をめぐり我孫子市が国を動かす

吉田　福嶋さんも、改革にあたって、困難な部分もたくさんあったでしょう。

福嶋　本気で改革しようと思ったら、市民とも職員ともたたかいになります。いちばん変わってほしいからです。ただし敵対ではなく、そのなかで信頼関係が生まれてきます。議会とは、ときに敵対に近いたたかいになる（笑）。24時間356日、すべてとたたかうのは精神的にもキツイです。だからわたしは、「3期12年でやめる。それまでは死ぬ気でやる」と自分のなかで期限を決めていました。本気で改革した首長は、話してみると皆同じでしたね。それを公約として表明しているか、自分のなかだけで決めているかは、人によってそれぞれでしたが。

吉田　3期12年、我孫子市長を務められましたね。そもそも首長は結構、パイプやコネを重視されがちですよね。パイプやコネがあるほど立派に見えてしまう。そういった部分はどうされていたのですか？

福嶋　いわゆる「パイプやコネ」がなくても、国や他団体とのしっかりした関係を築くことはできます。たとえば、２０００年の介護保険スタートの際、認知症の高齢者の要介護認定で問題がおこりました。厚生省（当時）のコンピュータソフトで1次判定を行うと、どんなに認知症が進んでいても、体が元気であれば5段階のうちいちばん軽い要介護度1にしかならなかったのです。身体に障がいがあって「寝たきり」の人はいちばん重い要介護度5になります。しかし、とくに在宅介護の場合にいちばんたいへんなのは、体が元気で認知症がとてもすすんでいるケースです。24時間見守りが必要ですから。そこで我孫子市では、認知症が一定の要件に当てはまる人には、コンピュータ判定が1であっても3と出たことにして、専門家による2次審査を始めることにしました。「独自指針」と呼ばれたものです。しかし、厚生省は「我孫子市の独自指針は不適切であり認められない」という通知を、全国に出しました。

吉田　国でも何でも、間違いは認めたがらないですからね。それでどうされたんですか？下手に動けば、国を敵に回しかねない。

福嶋　我孫子市は断固、国とたたかいました。先輩の改革派市長（のちに自民党衆院議員）からは「国とたたかうときはとことんたたかえ。そうすると必ず国は一目置く。中途半端にたたかうと意地悪される」という助言ももらいましたが、本当にそのとおりだと思いました。自治体と国の省庁は上下の関係ではなく対等なのです。法令にさえもとづいていれば、どんな介護保険にするか自治体の腕の見せどころです。厚生省に指示されることではありません。我孫子市は一歩も引かず、最終的には「独自指針を認める」と厚労省が通知を出し直しました。1つの市が国を動かしたのです。

現場を持つ自治体は、現場の実態をしっかり踏まえて行動し発言すれば強いです。「パイプやコネ」の問題ではありません。なお、その後は、何か厚生省が新しい取り組みを考えると、厚生省のほうからいろいろ我孫子市に相談してくるようになりました。

補助金に抜本的なメスを入れる

吉田　我孫子市での補助金制度は何か工夫されたのですか？

福嶋　補助金にかかわる既得権を排除するため、我孫子市が民間団体や市民グループに出してきた補助金を1999年で、いったん全部廃止しました。そのうえで2000年からは、補助金がほしいという団体を公募し、応募があったものを市民の委員会で審査し、その結果にもとづいてすべて新しい補助金として出す仕組みにしました。さらに、新たに決まった補助金がまた新たな既得権になっては何にもなりませんので、最長3年ですべて白紙に戻し、審査をやり直すことにしました。

従来の補助金のなかには、交付が始まったころとずいぶん時代状況が変化し、補助の必要性が低下しているものも多くあります。しかし、既得権がモノを言い、ほとんどそのまま維持されてきました。一方、新しい時代における新しい民間活動のなかには、市としても支援したいものが沢山あるのですが、そんな団体から新規に補助金の要望があっても、予算がないと断っていました。だから、既得権をすべてなくさないと、本当に必要なところに必要な補助金を出せないと思ったのです。

それまでの補助金見直しは、1つの補助金を削ろうとすると、「なぜこちらなのか。まずあっちを削るべきだ」という話が出たり、それぞれの補助金に有力者とのつながりがあったりして、結局は一律5%カットといった形で終わっていました。「みんなが同じように削られるので我慢して」というわけです。これでも財政上の一定の効果はあるでしょうが、なくしていいものも5%しか削られないし、増やしたいものも5%削られます。だから補助金をいったん全部廃止してゼロから始めることにしたのです。

吉田　思い切った政策ですね。福嶋さんを支持してくれた団体であっても忖度なしにバッサリということですもんね。

福嶋　そのとおりです。たとえば、市長選挙でわたしは無所属ですが、唯一大きな団体で支援してくれていたのが労働組合の連合でした。この連合に市は以前から、メーデーの助成金として補助をしてきたのです。しかし、市民の検討委員会の結論は、「労働運動に市が補助金を出すのは不適切」ということでした。そこで、連合からの応募を不採択にしました。

吉田　福嶋さんは既得権の負の側面を排除して、首長と議会の対等な二元代表制を実現したのですね。各自治体でそのような動きが出てくればよいのですが、自治体選挙の投票率は年々下がってくるなど市民の関心が低くなっています。我孫子市のような取り組みをすることによって、市民の関心も増えてきます。これが地方自治の本来の姿なのかもしれませんね。

市民自治に命を吹き込む

吉田　市民自治は民主主義の原点です。福嶋さんは、地方分権や市民自治に積極的に取り組まれています。そのお考えを聞かせてください。

福嶋　自治は1人ひとりの市民の思いから出発するものです。「わたしはこれをやりたい」「こんな暮らしがいい」「こんなふうに生きていきたい」など。しかし、市民の思いは1人ひとりみんな違いますから、みんなで話し合い、みんなで合意をつくり、その合意で社会を築いていく。これが自治だと思います。議会も首長も行政も、市民がこうした自治を行うための道具にしかすぎません。ただし、よい道具になることが重要です。

もう1つ話しておきたいのは、わたしの考える「分権」とは、主権者である市民が、市区町村、都道府県、国に権限を分けてあたえる、というものです。国が都道府県や市区町村に権限を分けてあたえるということではありません。なぜ市民が分けてあたえるかと言うと、市民からもっとも遠い国に権限をあつめず、市民にできる限り近いところ（いちばんは市区町村）に権限あるいは税源をおいて、主権者である市民がそれをコントロールしやすくするためです。市民自治をベースとした社会をつくるためです。

吉田　わたしも、日本を変えていくためには、地方分権を大いにすすめていかなければいけないと考えています。とくに、練馬区含めた東京23区は、東京都からのさらなる自治権拡充を含め、取り組んでいかなければならないと思っています。

福嶋　自治の観点では、基礎自治体（市区町村）は小さいほうがよいです。市民1人ひとりの意見が実際に反映されやすい、つまり市民がコントロールしやすいからです。まちづくりに参加していると実感しやすいのも小さな自治体でしょう。一方、これまで市町村合併がすすめられてきましたが、さほど行政運営の効率化に貢献はしていません。現実の自治体を見ると、大規模な施設建設のように広域でやるほうは効率的なものと、福祉などのように小域に分けてやるほうが効率的なものとに分かれます。小中規模の自治体が、ときには広域で連合し、ときには自治体内で分立の仕組みをつくりながら取り組んでいくのがいちばん合理的ではないかと考えます。

もちろん実際に合併するかどうかの判断は、原則論だけで決められません。財政の問題、市民の生活圏や文化圏の変化、地理的状況など多くのことを市民と行政がともに考える必要があります。ただし、合併すると本質的に財政難が解決するわけではありません。とくに対等合併の場合、ダメなところとダメなところが一緒になると、もっとダメになるかもしれない──ということを肝に銘じておく必要があるでしょう。

吉田　わたしもまったく同感です。練馬区は70万人以上の人口を抱えています。活発な市民自治を実践するには大きすぎます。だから区として分権を考えていかなければなりません。高齢者の大きな課題として、国が音頭をとって、地域包括ケアシステムが図られています。エリアは中学校区とも言われていますが、一方で、練馬区は、事務の効率化ということで出張所を廃止してしまいました。身近なコミュニティをどうつくり上げていくのか、方針が見えません。また、NPOや企業などの民間の力をどんどん発揮してもらうようにすることはこれからとくに、必要だと思います。練馬区は、いままでサラリーマンが住み、単に寝に帰る町でした。しかし、今後はその人たちが会社をリタイアされます。いろいろな経験を持った方々がいっぱいいらっしゃいます。その力を使わない手はないとつねづね思っていました。また、今回のコロナ禍でリモートワークが定着してきています。コロナ後もこの傾向は続くでしょう。現職のサラリーマン層も、これから地域で活動する機会が増えてきます。そういった民間の活力を生かすべきだと思っています。

福嶋　市民の活動の可能性を考えると、ワクワクしますね。

無作為抽出の市民会議というアイデア！

吉田　福嶋さんは我孫子市長や消費者庁長官を歴任されてきましたが、市議会議員からのスタートでした。それだけに政治行政を立体的に見ていらっしゃって、日本社会の仕組みの問題を熟知されています。そこで、ここをこういうふうにしたら市民自治がよりうまくいくのではないかという、いま現在の福嶋さんの考えをお聞かせいただけますか。

福嶋　従来は、同じ意見、同じ要望を持つ市民がそれぞれ集まり、数の多さや声の大きさを競い、自分たちの要望の実現を行政や議会に迫っていました。一応あれもこれも実現できた右肩上がりの時代は、それが何とか通用したかもしれません。その結果、たくさんの無駄と膨大な借金をつくりましたが――。一方、人口減少社会では、さまざまな意見や要望を持つ多様な人があつまり話し合って、あれかこれかを適切に選択し、新たな創造をしていかねばなりません。そうしないと、持続可能でみんなが幸せになる社会をつくれません。

数で争う民主主義から対話の民主主義へ進化させたいですね。もちろん民主主義に多数決は必要ですが、民主主義の本質は対話だと思います。

そしていま、多様な人たちが対話をする方法として注目されているのが、無作為抽出の市民による会議です。住民基本台帳などから無作為に選ばれた市民が、地域の課題について議論するのです。

吉田　平成11年に裁判員制度が始まりました。もう10年以上になります。知り合いに裁判委員制度に長く取り組んでいる方がいて、裁判員制度のよさについていろいろと話をされています。裁判員も無作為抽出によって選びます。

わたしも以前より審議会などの区民が行政に対して意見を述べる場所のメンバーは無作為抽出のほうがいいのではないかと思っていました。立候補制だとどうしても自身の強い意見を持った人が多くなり、意見が偏りがちになる。一方役所主導で選ぶとどうしても役所寄りの考えを持った人が多くなってしまう。本当に大切なのは自信を持って自分の意見を言えない、いかに普通の人々の意見を汲み取ることではないかと思います。さらにその方自身が区政を知ってもらう機会になるし、意見が堂々巡りではなく、お互い理解しながら、政策決定に向けて1つの方向をつくり上げていくことができるのではないかと感じています。

福嶋　現実に多くの自治体で、市民のとてもよい議論が生まれています。テーマになる問題に直接かかわってきて強烈な主張を持っているわけではないけれど、関心はあり、いろいろ情報を得て、いろんな人の意見を聴いて、自分なりに考えてみたいという人は多いのです。むしろこうした人たちこそ、自由な発想で話せたり、本質を突いた深い議論になったりします。

政策シンクタンク構想日本は、こうした取り組みを「自分ごと化会議」と名づけてサポートしています。２０２０年度までに76自治体で１５８回実施され、無作為抽出による参加者は約1万人になりました。

吉田　住民がかかわれる幅を増やすということですね。自身がかかわった政策が採用されたり、国に届いたらやりがいがありますね。わたしも、市民参加は必要だと思っていますが、従来の方法は、いろいろな協議会などの委員に、公募区民を増やすことでした。ただ、最近は、公募区民の方は、その課題に対してしっかりした考えを持っている方であり、そのような方は、パブコメなどを活用して意見をいただければよいのかなと思っていました。団体の代表も必ず入っていますが、その団体から意見を聞けばよく、何度も議論に参加して頂かなくてもよいのではと思っていました。

福嶋　福岡県大刀洗（たちあらい）町は、条例で無作為抽出による協議会の設置を定めていて、いままでにごみ問題、町内会と行政の役割り分担、地域包括ケア、避難所設置などの防災対策、地域交通など様々なテーマで町民が話し合ってきました。参加した町民が確実に変わります。まちづくりは自分たち自身でやっていくものだと気づいて、ＰＴＡ会長になった人、議会傍聴をするようになった人、あらためて住民活動を始めた人など、町をつくっていく町民の主体がまさにここでつくられつつあるという実感を持てます。

岡山県新庄村では村議会が主催してやっています。いままで村民の意見を聞こうとすると、世帯主が意見を言うのが慣例になっていて、高齢の男性の意見ばかりになる。なので、無作為抽出によって若い人の意見、女性の意見も聴いてみたいというのが狙いでした。この狙いは見事に実現しました。

吉田　今後さらなる普及が期待されますね。市民自治について無作為抽出による会議というアイデアは実効性が大いに期待されますね。

福嶋　島根県松江市では全国ではじめて、市民の実行委員会による自分ごと化会議が開かれました。テーマは原発で、無作為抽出された市民21人プラス島根大生5人が、計4回にわたり話し合いました。市民の議論は原発の是非というより、エネルギーや原発との関係で「わたしはどんな社会で暮らしたいか」というものでした。そして今回は、普通の市民が原発を考えていくうえで必要な情報や環境について提案書をまとめ、中国電力、市長、知事、経済産業大臣へ直接手渡しました。市民へは報告会を開きました。

原発にさまざまな考えを持つ市民が、自由に自分の考えを述べて話し合い、問題提起者として来てくれた中国電力とも脱原発団体の人とも信頼関係のもとでやり取りできた意義は大きいと思います。今後、島根原発を再稼働するにしても廃炉にするにしても、さまざまな市民と行政と電力会社が信頼関係のもとで話し合った結論であることが重要だと思います。

人間は神様ではありませんから、どんな結論も完ぺきではないでしょう。あとになり、その結論に問題があるとわかった場合、信頼関係のもとで話し合った結論なら、よりよく修正するため、またみんなで知恵を出せます。しかし、たたかいでどちらかが相手を打ち負かした結果の結論ですと、勝者は問題を認めると今度は敗者になるので、あくまで結論を守ろうとするでしょう。信頼関係にもとづいた、見直し可能な柔らかい社会決定こそ、原発に限らずリスクを減らした「安全な社会」を実現するのではないでしょうか。

吉田　なるほど、そうですね。少し議論を戻しますが、行政は有識者会議だの第三者委員会だのを数多く設置していますが、それは本当に必要なのか？　下手をすると一種のアリバイづくりにしかなっていないのではないでしょうか。

福嶋　本当にしっかりとやるなら必要です。わたしは行政の案をみんなで議論してよりよく変えてほしいと本気で思ってやっていました。逆に、実は変えてほしくないと思っていて、ただ有識者から意見を聴いたというアリバイづくりをしたいだけなら無意味です。

吉田　市民参加とは何かというそもそも論にかかわりますね。

福嶋　首長や議会が、ただ市民の声を聴くのが市民参加じゃありません。市民同士で議論する。首長や議会がそういう場をつくって、首長や議会も市民といっしょに議論して方向性を見出していく。そのうえで首長や議会が決める。これが本来の市民参加です。市民の意見をただ聴くだけなら、それは陳情政治です。

民間と行政が手を結んで公共をつくる

吉田　わたしはよいアイデアには、与党も野党もないと考えています。民主党政権時代に「新しい公共」ということが言われました。公共性は官公庁などの公的セクターだけが担うのではなく、NPOも担うのだという考え方です。あれは国際スタンダードに合致したとてもよいアイデアだったと思います。日本では長い間、官公庁が担うのが公共で、民間の活動は私的なものだという仕分けになっていました。その弊害はいたるところにあったし、欧米諸国の制度とも合わなかった。財団法人や社団法人は公益法人と言われて、所轄官庁の許可がないと設立できませんでした。しかしいったん許可されたら、実際にどんな活動をしていても目くじらたてられることはほとんどなかった。おかしなことはいっぱいあったのですが、いまは公益法人制度改革によりだいぶ変わりました。「新しい公共」はそのなかでも重要な概念でした。いまは仕組みはともかく、考え方はほとんど定着しています。これは「新しい公共」ということの、たいへん大きな遺産だと思います。

福嶋　わたしは民主党政権がつくった「新しい公共」円卓会議の委員でした。公共はそもそも市民のものですよね。

吉田　まったく同感です。民主党政権はたしかにインパクトがありました。ただ、いまから思うと、少し性急だったかもしれません。社会を動かすことに十分な配慮が足りなかったかもしれません。いまは自治体から改革し、一歩一歩国を変えていく仕組みをつくり出していかなければいけない時期だと思います。ＮＰＯの活用も、まずは、自治体から出発していってはどうかと思いますが？

福嶋　わたしは市長のとき、提案型公共サービス民営化制度をスタートさせました。市の1131の全事業の内容や予算を公表し、企業やNPOなどから「自分の方が市役所より質の高いサービスを提供できる」という民営化提案を募集したのです。委託、指定管理、PFIなどさまざまな手法の活用がOKです。そして出された提案は、外部の専門家、サービスの受け手の市民、行政の3者で、本当に市民にとって質がよくなるか審査しました。

具体例を1つ紹介すれば、市保健センターが行う出産・育児のママパパ教室に、地域の助産師会から企画・運営をすべて行うという提案がありました。子育ち・子育て支援は我孫子市がもっとも力を入れている分野の1つで、当然この教室も質の高いものになっていると自負していました。しかし赤ちゃんの出産・育児となると、保健センターの保健師よりも助産師の方がはるかにスペシャリストで、多くの臨床経験を持っています。確実に質が高まると判断し、2007年から助産師会に任せました。実際にいっそう充実した教室になり市民からも好評です。実は、助産師会では以前から市のママパパ教室を見て、「保健師も頑張っているが、本当なら自分たちがやったほうがずっとよい教室になる」と思っていたそうです。それなのに市が抱え込んできました。提案型は〈行政が出したいもの〉

ではなく、〈民間がやりたいもの〉を民間に移す仕組みです。行政の仕事をすべて公開して、民間の手で行政の仕事を奪い取ってもらうのです。

吉田　市民の力をいかに発揮してもらうか、ということですね。公園の管理などを地域の方々に任せている自治体もありますね。でもそのやり方では財政改善のため安く利用しようとしているのではと勘ぐられるのではないかと思います。わたしは、委託費は定額にして、公募で委託先を決めてはどうかと思っています。選考委員会を設置し、それぞれの企画内容で選考するのです。ある団体は、地域の老人クラブなどといっしょに充実した花壇をつくる、ある団体は地域の小中学校などと連携して、四季ごとの写生大会をおこなうなど地域コミュニティが生まれてくるものにしていくことがだいじだと考えています。そんなことも含め、自治体を変える努力をしていきたいと思っています。

きょうはお忙しいところありがとうございました。

吉田健一対談 7

対談者　本吉　達也　さん

元羽咋市長

自治体発で信頼される政治をつくる

本吉 達也（もとよし たつや）**さん　プロフィール**

1952年４月生まれ。1978年３月一橋大学法学部卒業、同年４月石川テレビ放送（金沢市）に入社、報道部記者として石川県政を中心に取材活動を行う。この間1980年から２年間中日新聞北陸本社に出向。1994年４月報道部副部長。1996年４月石川テレビ放送退社。

1996年11月羽咋市長に就任、２期務める。

2004年10月羽咋市長退職後、金沢大学客員教授、専門学校非常勤講師などを歴任。2007年４月富山第一高等学校校長に就任、2018年３月まで11年間在職。この間2014年１月同校サッカー部が旧国立競技場で最後の決勝戦が行われた第92回全国高校サッカー選手権大会で初優勝した。

現在同校法人顧問ならびに法人評議員。

出身地の石川県羽咋市は能登半島の付け根に位置し日本海に面した風光明媚な小都市。全国で唯一砂浜を車で走ることができる千里浜なぎさドライブウェーがある。

報道記者から市長へ

吉田　本吉さんは民間出身で首長になられましたが、どのような仕事をなされてきたのですか？

本吉　大学卒業後、地元の石川県に戻り、テレビ局や新聞社で報道記者をしていました。記者時代、ローカルだけでなく日本が米国からコメ市場開放を迫られていたウルグアイラウンド時、渡米してカリフォルニアの稲作事情をリポートしたり、訪朝団に同行して金日成体制下の北朝鮮を取材したり、ということもありました。もともと好奇心が強かったので報道の仕事は面白かったです。

吉田　さまざまなご経験をされたと思います。業務や待遇など充実感があったと思うのですが、どうしてテレビ局をやめたのですか？

本吉　直接的には市長選挙への出馬要請を受けたのがきっかけです。出身地である羽咋（はくい）市の何人かの知人から「市政の刷新が必要」という話を聞き、要請を受け、最終的に決断しました。背景にはわたしが記者として10年ほど石川県政を担当していたこともあったかと思います。出馬要請を受けたのは次の市長選挙がおこなわれるほぼ1年前、43歳の秋でした。

そのころ仕事はデスクワークが主で、取材現場から離れたことで少し欲求不満におちいっていました。年齢的には人生の折り返し点に思え、この先の生き方を考えていた時期でもありました。妻も小・中学生だった2人の子も当然大反対でしたが、翌年4月に退職し、住んでいた家を売り払って実家に戻りました。

吉田　自らの知識や経験を活かして実際に行政を動かしていきたいという思いが増していったわけですね。

本吉　「メッセンジャーとして情報を伝える（だけ）」という仕事がいくぶん〝虚業〟のように思えてきたころでした。地域の人たちの福祉やまちづくりに直接かかわることができ、役に立てる首長という仕事は〝実業〟のように思えました。当時の羽咋市政については取材をつうじてある程度わかっていて疑問を感じていましたし、刷新が必要という声には共鳴できました。出馬要請を受け決断したということです。

30％台の投票率。なぜ、こんなに関心が低いのか

吉田　調べてみますと、本吉さんが当選されたときの１９９６年10月の市長選挙の投票率は、単独選挙にもかかわらず84・１％です。いまでも、羽咋市長選の投票率は75％近くあります。たいへん高い関心が持たれています。一方、練馬区長選挙は前任者が在任中に亡くなったので、単独選挙になっています。その結果、平成26年（２０１４年）４月に行われた区長選の投票率は31・68％でした。また前回の区長選はさらに投票率が下がりました。しかも男性の投票率のほうが女性より高かったです。これはたいへん珍しいことです。女性は男性よりも地域で生活をし、男性より区政に関心があるはずなのに、このようなことが起きてしまう。語弊があるかもしれませんが、区政に関心がない証拠のようなものです。

本吉　大都市ほど投票率は低くなる傾向がありますが、７割の有権者が権利放棄しているわけですからもったいない話です。練馬区のように人口が70万人を超える都会ですと、住民の職種や価値観が多様で直接顔を合わせる機会も少ない。それで首長・議員と住民との距離が遠くなりがちなのでしょうね。面積では練馬区の１・７倍ほどある羽咋市は、わたし

の市長就任当時人口がわずかに2万6000人余りで世帯数は8000ほど。現在人口はさらに減っています。こぢんまりしたまちだと直接会ったり話したりする機会が多くて人間関係が濃密です。それで投票率も高くなるのだと思います。

吉田　以前は、多数が立候補する区議選挙と同時選挙でしたので、投票率も40％以上はありました。

本吉　羽咋市ではかつて市長選で90％を超えたこともあります。投票率が低いということは、場合によっては特定の主義主張や行政に利害関係を持つ人たちの意向が選挙結果を左右することがあります。いわゆる組織票の問題です。やはり好ましくないように思えます。

吉田　そうですね。このところ歴代の区長は、行政経験者ばかりです。いわゆる行政のプロと言われる人です。もちろん素晴らしい見識があり、堅実に区政を運営していると言えますが、一方で区政のことはわれわれにお任せくださいと言わんばかりの体制になってしまっているように思えます。これでは区民もなかなか興味を持てない。投票率が低いのはその結果でしょう。

本吉　「だれがやってもおなじ。それほど変わらない」という声をときおり耳にすることがあります。わたしは「ノー！　首長の考えでまちは変わりますし、変えられます」と答えています。実際首長によってまちは変わります。「だれがやってもおなじ」という考えの背景は「国が上で地方が下」という先入観があるのではないでしょうか。中央集権型の行政システムに寄りかかっているとそれぞれの地域にふさわしいまちづくりは実現できなくなってしまいます。

吉田　まったく、そのとおりです。わたしにも、生まれ育った地域の政治を変えたいという思いがあります。

市民感覚なき「行政のプロ」に改革はできない

吉田　行政あがりの首長と民間出身の首長では違いがあるのではと思うのですが、そのあたりはいかがでしょうか？

本吉　お役人出身の首長だと変革が求められるときに弾力的対応が難しいと？

吉田　はい。行政出身の首長の時代が長く続くと、知らず知らずのうちに行政と市民の間に垣根ができてしまいます。練馬区子ども・子育て会議のメンバーになっている知人も懸念していましたが、新型コロナウイルス感染症が広がっているのに、区長は子ども・子育て会議に顔も出さないそうです。自分が案内を出して招集しているのに。区民はみんなとても不安です。だけど感染状況や対策についての説明さえ、求められない限りしない。知人はそういう印象を持っています。こういうのを区民軽視というのだと彼は憤っています。ずっと行政上がりの首長が続いて、しかも議会が安定与党になっていますから、すっかり緊張感がなくなっている。民主主義の時代に「由らしむべし知らしむべからず」は許されない、と知人は言っています。

本吉　吉田さんのお考えは当然かと思います。市長や区長、知事にも民間出身者は数多くいますし、むしろ豊富な経験を活かし住民の視点で行政がすすめられているケースも多いと思います。首長に求められる要素はいろいろあるでしょうが、重要なのは決断力と実行力ではないでしょうか。各々の地域の状況や課題をよく把握し、取り組むべき優先事項を決め、実行に移すことができる――それが首長に求められる資質ではないでしょうか。住民へのきめ細かな情報提供も求められます。実務の面は、的確に指示を出せばプロ集団である行政職員が進めてくれます。

吉田　わたしはトップがずっと行政畑だけでやってきた人だと、行政の欠点が見えなくなってしまうのではないかと考えています。行政は決められたことをきちんとルールどおりに運営することが求められています。なので、その決められたルールに「間違いがあってはならない」、「間違いがあるはずがない」という固定概念のようなものがあると思います。新型コロナの蔓延だけに限らず、これからは色々な要因で社会の変化がおこってくるでしょう。限られた予算で有効な政策をおこなうためにはいままで以上にコスト意識を持って柔軟にすすめていかなくてはなりません。そうしたなかで、自らの考え、行動に疑問を持たないままだと変化に迅速に対応できなくなる可能性が大きくなると考えます。そして最終的には住民の声を聞く機会すら失われてしまうのではないかと危惧しています。

本吉　自治体職員にはコストの意識や本当に住民の側に立った行政サービスへの配慮が薄いのではないか？　そういうご指摘ですね。

吉田　行政は税金で運営しているわけです。民間の人たちは、自分の手で稼がなければならない。民間にくらべたらどうしても、行政には、補助金なども含め、お金をだいじに使おうという意識が低くなってしまうように思います。些細なところにそれが見えます。たとえばですが役所の車が10台も止まれないような駐車場に警備員が2人も3人もいたりする。

本吉　仕事の点検をせず前例・慣例主義におちいるとご指摘のようなことがおきる恐れがありますね。自治体の仕事の財源は国民が納める税ですから「血税」だと思って、少し大げさな言い方になりますが「1円たりとも無駄にしない」という意識を持つべきかと。

市長在職中「業務は最少のコストで最大の効果を上げる意識を持つこと」「本市では『お役所仕事』がもっとも効率良く高いサービスの代名詞になるようにしましょう」と職員各位に協力を求めました。多くの職員にはそのような話は初耳で、庁内の反応はあまり芳しくなかったかもしれません。

卑近な例では市長交際費の支出基準を見直したことで、最終的に就任時に比べ7分の1ほどになりました。これは周辺の町長さんから評判が悪かったとのちに聞きました。近隣の首長さんは、比較されて、場合によっては改革に「消極的」とか「遅い」などと住民から批判を受けたりしますから。改革をすすめると思いがけないところから反発を受けることもあるという例です。

改革は財政難だからやるというものでなく、前例にとらわれず不断におこなうものだと思います。根幹は「税を無駄にしない」という決意です。

吉田　ルールのなかでの仕事がいくら完璧でも、そのルール自体がおかしいことはいくらでもあります。外部からの声がなければ、それに気がつかなくなってしまうでしょう。わたしがいちばんひっかかるのは、国、都、区についての序列意識です。区職員も都庁職員も国の役人も、区民から見れば、同じ仲間です。いちばん身近なのは区役所です。地方分権で国と地方自治体は同格になったんですしね。でも行政の人間はヒエラルキー意識を強く持っていて、国の役人がいちばん偉く、次が都で、区の職員はいちばん下だという意識があるように感じます。区の職員が、都や国に強くものを言うことなど考えられない。都や国だと言うだけで頭を下げてしまう。意見を言うことができない。区の職員が現場の声をいちばんしっかり受け止めているはずなのに。さっきの友人は区役所には優秀な職員がたくさんいる。でも何となく萎縮しているように感じると言っていました。

本吉　市の場合は「国―県―市」、練馬区ですと「国―都―特別区」の間の上下関係とか主従意識ということになりましょうか。

２０００年4月に地方分権一括法が施行されました。「国と地方は対等・平等」というふれ込みで、地方自治法など関連する多くの法律が地方分権の名のもとに一括改正されました。背景にはバブル崩壊、国の財政難、市町村合併による自治体の統廃合が避けられなかった状況があったと思います。

国から地方自治体への一定の権限移譲などを進めるため法律や制度は変わりましたが、仕事の区分や補助金制度などによって、国と地方との間には上下の意識はやはり厳然とありました。県や都が市区町村を下に見る傾向もないとは言えないでしょう。それでも市や区のような基礎自治体の長や職員は住民にいちばん近い存在で地域の実情をもっともよく知っているので、地域に合った住民にふさわしい政策を打ち出すことができるはずです。「上」にばかり気をつかい、横並びをよしとする意識を変え、首長が職員を鼓舞し垂範し、住民との距離がいちばん近い自分たちがまちづくりの主体なのだという自負を持って行政サービスにあたることがだいじなのではないでしょうか。

吉田　何かを変えるなかで、民間出身だから取り組まなければならない問題というのはありますか?

本吉　首長の元の職業が何であるかはあまり問題ではないと思っています。わたしが立候補したときの現職はお医者さんでした。行政の仕組みは少し勉強すればすぐわかります。だいじなことは、財政を含め地域の実情を把握して有効な施策を実行できるか否かだと思います。

わたしのばあいは当時羽咋市の財政が硬直化し破綻寸前でしたので、行財政改革が待ったなしの状況でした。それが市長選立候補の動機の一つでもありました。緩んだ財政規律を改め、緊縮財政に舵を切りました。行財政改革をすすめるにあたり、市民の協力を得るため自らの給与も職員の給与も一時期カットせざるをえませんでした。

また膨れ上がっていた補助金の見直しや保育所運営の民間への委託を進めました。仕事の効率を高め、超過勤務を減らすために、水曜日だったかと記憶していますが特定の曜日を「ノー残業デー」とし、能力主義の人事制度の採用なども実行しました。事業をすすめるにあたってはPDCA（Plan・Do・Check・Action）の考え方を取り入れたりしました。入札制度の改革も実行しました。市税滞納者のご自宅を税務課の職員といっしょに督促のため夜訪問したこともあります。現場に足を運ぶことでわかることもあります。

改革をすすめたのは、財政破綻への危機感からですが、財政の状況を市民に理解してもらうのはなかなか難しかったです。「やることが矢継ぎ早」「血も涙もない」などと言われたりしましたが、それが自分に与えられた役割と思ってやりました。一部の市民や職員から疎まれたかもしれませんが、羽咋市の財政は健全化させ、その後のまちづくりの基盤を立て直すことができたという自負はあります。問題は出自ではなく使命感だと思います。

吉田　改革をしなければいけない局面を迎えたときには、行政のプロでない人にしかできないことがあると思いますね。凝り固まった行政を何とかするには、既存のルールの範囲内で考えるだけでは、市民の期待には応えられないでしょう。

優秀な職員はたくさんいるのに守りの姿勢になるのはどうして？

吉田　公務員は減点主義とよく言われますが、たとえ改善するとわかっていても余計なことをしたがらない体質がありますね。ある県の改革は知事が言っていましたが、公務員はできない理由を並べることは得意だが、どうしたらできるかを考えることは苦手だ、と。役所にはそういう体質がつきまとっています。これは個々の職員の問題ではなくて、個々の役所の風土の問題です。それを変えるのはトップにしかできないことでしょう。

本吉　「行政の無謬（むびゅう）性」と言われたりしますが、職員には「失敗してはいけない」というプレッシャーがあるかもしれません。それが高じると無難な前例主義におちいって、変化する住民の要望に応えられなくなってしまう恐れがあります。

能力主義人事制度を採用したのは、団塊の世代の職員が多く採用されていて、その全員が退職までに課長職には就くことができないことがわかったからです。人事考課に客観的な物差しが必要だと思いました。もう1つの理由は、変化する状況や多様化する要望に応えるため、積極的に行政課題に取り組む職員を評価し奨励すべきだと考えたからです。

民間企業ではすでに採用されていたと思いますが、目標管理制度を取り入れました。S・A・B・C・Dの5段階で複数の上司・管理職が評価して年末の期末勤勉手当を一定額差額支給しました。ほとんどの職員は平均のB評価で、最高評価Sの職員とC評価の職員（D評価の職員はゼロ）の差額は10万円未満でしたが、県を含め石川県内の自治体でははじめての試みでしたから、当時新聞紙上に大きく取り上げられ予想外の反響がありました。最初から円滑にいったわけではありませんが、結果的に職員の意識改革はすすんだと思います。いまでは当然なこともトップランナーは正面から風を受けることになります。職員の意識改革や士気の高揚はトップの考え方、決断が左右するのではないでしょうか。

吉田　波風を立てないようにするばかりでは、改善できるものも改善できません。結局何も変わらず、小さな無駄が積み上がって、市民にのしかかってくることになるわけです。

本吉　在職中、行政サービス向上のため、将来の市のためと思い、かなり大胆に速く仕事をすすめましたが、急ぎすぎると周囲の理解が追いつかず、選挙で落選の憂き目に遭います。速さ、大胆さと併せ、市民（区民）に理解を求めつつ進める配慮も必要だったのではないかと。いまにして思う反省点です。

吉田　行政は「聞いているふり」をすることがありますね。要望を出しても、方向性が違うかたちで返ってくる。わたしは消防団や町内会などの地域の活動もしていますが、消防団にモバイル・バッテリーが配られたことがありました。だれもほしいと言ってもいない、思ってすらないのに、と仲間が言っていました。要望を出した。するとそれには直接答えず、モノを配ってあなたがたのことを忘れてはいませんよというポーズを示す。これは一種のガス抜きじゃないか、と仲間が苦笑いしていました。

本吉　配られた物品の原資は税金ですね。

吉田　税金をかけて、地域団体に、求められてもいないものを配るようなバラマキはやめなければなりません。みんながわかっていることですが、どういうものか改まらない。

本吉　税金を使って要望のない物品を特定の人に無料配布するのは行政の本筋から逸脱しているような気もしますが……。税金を無駄に支出している、あるいは恣意的に使っていると受け取られれば、場合によっては住民監査請求や住民訴訟を起こされる恐れもあります。

市民の声にどう応える仕組みをつくる

吉田　本吉さんは市民の意見を取り込むための場を設けられましたね。

本吉　はい。高齢者委員会と女性委員会の設置は選挙公約の1つでしたから。政策決定機関ではありませんが、市長が直接、高齢者や女性から意見や要望あるいは課題を聞く機会を持ち、市政に反映できたらと考えたのです。

超高齢社会でも65歳以上の方にまちづくりに主体的にかかわってもらうことで地域の活力を維持したいと考えたからです。女性には「自助・共助・公助」の共助の部分で能力を発揮してもらえるだろうと思いました。

ノーマライゼーションなどと小難しい横文字を使わなくても、目が見えないとか耳が聞こえないとかハンディを抱えた方々、あるいは体の弱い独り暮らしのお年寄りなども、現役世代といっしょに地域で暮らせるようにと考えたのです。助け合いができる地域になればいいなと。働く女性への支援も必要だとも思いました。学童保育なども充実させる必要がありました。高齢者委員会は「シルバー委員会」という名称になりました。「女性委員会」とともに年数回定期的に開いて意見交換しました。メンバーはそれぞれ10人ほどだったと思います。

意見や要望を受けて政策に反映したこともあります。超高齢社会への備えと男女共同参画社会をどのように具体化するかは地域社会の活力維持のためだいじだと考えました。

小さな自治体だからこそ地域住民との距離が近いので直接意見を聞くことができたのだと思います。議会軽視ではないかと訝しく見ていた議員もいたようですが。市民から意見やアイデアを直接聞くことができる任意の意見交換の場として有意義だったと思います。

吉田　そこで出た意見を実現するときには、リーダーの役割が重要になるでしょう。担当者が上の顔色ばかり見ていたら、どんな意見が出ても聞き置くだけになってしまいます。

本吉　そのとおりですね。２つの委員会は職員が仕切ることはなかったので、進行は必ずしも効率的にいきませんでした。しかし直接顔を合わせ向き合って話したり聞いたりする機会があるというのは悪くはなかったと思います。意見を政策に反映したケースもありました。小さなまちだからできたのだと思います。

吉田　そのような場所から市民自治というのを実行されていったのですね。

本吉　選挙活動中、石川県が羽咋市の山あいで立地を計画していた産業廃棄物処理施設・羽咋クリーンセンターをめぐり市民の意見が割れていました。当時市当局からは情報が市民にあまり届いておらず、当時の市長に近い一部の議員や有力者が水面下で動いている状況でした。市長就任後は可能な限り情報公開しました。毎晩計画地域の町会に出向いて意見を聞き、説明しました。30以上の町会に出かけたと記憶しています。出席者は反対という人が多く、厳しい意見を多くもらいました。県が事業主体にもかかわらず反対運動の矢面にも立ちました。結果的にクリーンセンター計画は中止になりました。遠回りでも面倒でも、情報公開は住民自治の原点だと思います。

吉田　もちろん役所だけではなく、市民が意見を出すことが必要だと思います。しかし、いくら要望を出しても、見当違いの方向でかえってくることが続くと、うんざりしてしまうでしょう。そうすると市民が声を上げようとしなくなる。

本吉　そうですね。住民主体のまちづくりは情報公開に裏打ちされた的確な情報提供が前提というのがわたしの考えです。首長も議員も住民の直接選挙で選ばれる「二元代表制」なので、理屈上は、首長は議会で議員の意見や要求を聞いてすすめればよさそうですが、実際はそうはいきません。利害が生じると市民の間でも意見や要求は異なり、対立が生まれることもあります。校舎の老朽化と少子化に伴う小学校の統廃合、新校舎建設場所の選定はもっとも調整が難しかった仕事の1つです。市民すべてに満足してもらう、あるいは及第点をもらうということは難しい。情報公開に関してはSNS（Social networking service）が普及していますからインターネットの活用も重要ですね。

吉田　具体的に市民からの声を反映して実行した例はどんなことでしょうか。

本吉　保育所を統合して建て替えるとき病後児保育を始めました。

　三日ばしかなどは病名のとおり発病してから3日ほどで発熱は収まるようですが、潜伏期間があります。ほかの子どもへの感染を避けるため、病児はおおむね1週間自宅待機としていました。働いている女性から「その間仕事に出られず困る。症状が収まったら預かってほしい」という要望がありました。そこで、建て替える新しい統合保育所に看護師資格を持つ保育士を配置し、病児が他の子どもたちと接触しないよう敷地内に別棟を設け、医師の許可を条件に預かることとしました。幼い子を持つ母親も多くは働いています。男女共同参画を進めるための政策の1つという位置づけでした。

吉田　その具体的な案はどのようなところから出てきたのでしょうか?

本吉　女性委員会のなかで意見と要望を聞きました。それをもとに検討し、建物の設計と必要な人員配置を考えました。

吉田　練馬区の人口は70万人を超えます。本当ならさまざまな視点から、多くの意見が集まるでしょう。でも人口が多い都市部ではどこでもそうでしょうが、知恵を持っている人は大勢いますが、宝の持ち腐れみたいな状態になっています。

本吉　同じ基礎自治体でも人口が2万6０００人の羽咋市と74万人の練馬区とでは行政手法

は同じというわけにはいかないでしょう。情報公開や住民意思の反映がだいじという点はおなじだと思います。練馬区だと多士済々かと拝察します。本題と関係ないことですが、わたしも大学生の一時期、練馬区に住んでいたので個人的に親しみを感じます。

古代ギリシャ流の直接民主制は現代では非現実的。民意を汲み上げるということは難しいことです。手法については知恵が求められます。正解はないように思います。そういう意味で首長の仕事はたいへんですが、大いにやりがいがあるとも言えるのではないでしょうか。

吉田　民間だとお客さまの話に耳を傾けて、それをサービスに反映させていかなければやっていけません。行政はそのあたりのことについてはどうしても心構えが弱いように思います。

本吉　「最少のコストで最大の効果」という意識は、税を財源にしていることを考えれば、むしろ行政のほうが民間企業よりも求められるのではないかと考えていました。納税者から預かったお金の使い道を委ねられているわけですから。もっとも、コストはお金だけの話ではなく、時間のコスト、すなわち仕事の迅速さを考えることや、日々の仕事や研修を通じた人材育成が必要だと思っていました。それを率先垂範して職員に浸透させていくのも首長のリーダーシップだと思います。

吉田　こんなことがありました。留学して、子どもを連れて帰国した人が練馬区の緊急一時保育を利用しようとしたのですが、この制度は緊急かつ一時のためのものであり、一時だけの理由では、利用できないと断られた。彼女は、粘り強く働きかけた結果、担当課長はこの制度は、緊急または一時保育だと解釈して、範囲を広げ、児童を救った。そんなことがありました。とてもうれしかったですよ。制度の趣旨から考えても区民の利益から考えても妥当な結論だと思うのですが、こういうケースまで杓子定規に排除する行政だったらと想像すると、ぞっとします。いま問題になっている児童相談所のことなども、区民の利益を考えたら、当然、区が児童相談所を設置するべきなのですがね。

本吉　自治体が大きくなるほど制度の弾力的運用が難しくなる面があるかと思います。少子化に歯止めをかけるには、働きながら子育てができるよう、女性と子どもに関する施策を具体的にどのように講じるか、それらが重要です。こども手当も一案ですが、少子化に歯止めをかけられないと将来が心配です。吉田さんが取り上げられたケースでは事情を考慮して拡大解釈することも許されるのではないでしょうか。

吉田　練馬区は児童相談所をつくらないという決定をしました。つくらない理由は見かけ上はちゃんとしています。でもそれは行政の都合を前提として組み立てられている。

本吉　区長の判断ですか。

吉田　そうです。これまで区は児童相談所を設置できませんでしたが、いまは法改正で区もつくれるようになりました。

本吉　設置基準が緩和され拡大されたのですね。児童虐待事件もありましたからね。子どもの貧困の問題もあります。

吉田　リーダーは最終的な責任を負うわけですが、それまではいろいろな意見を聞くのが当然です。とくに法の趣旨が期待しているのと反対の決定をする場合はなおさらのことです。

本吉　調べてみると児相は厚労省の基準では、おおむね人口50万人あたり1つという基準を設けたようですね。強制力はないということですが。千葉県野田市や札幌市で起きた児童虐待死事件では担当した児相の管轄人口が100万人を大幅に上回っていて、兆候を十分把握できなかったとも言われています。

児童に対するいじめや家庭内での虐待など深刻な事件が最近起きているので、身近に相談窓口となる機関があってほしいと思う人たちは少なくないと思います。児相と区役所、警察の連携がだいじです。練馬区での事情はわからないので具体的なことは申せませんが、直面する行政課題にどのように対応していくのかということについて、役所は不安を抱いている住民に十分説明して理解が得られるようにしなければなりませんね。

市民感覚を持った行政をつくりたい

吉田　わたしはガソリンスタンドも経営しています。ある時期、債務がふくらんで苦労しました。そういう経験からすると行政のお金に対する感覚には違和感を持つことがあります。どこからかお金が降って湧いてくるような気持ちなのではないかと。公共工事なんかも、検討の余地があるはずです。

本吉　たしかに多くの自治体は財政難に陥っています。事業は「あれもこれも」ではなく「あれかこれか」の選択と優先順位をつけなければいけない状況でしょう。吉田さんがおっしゃることは理解できます。財政難におちいる前に事業の優先順位をつけること取捨選択をすることが本当はだいじですよね。「地域おこし」とか「地域からの情報発信」「観光誘客」というふれ込みで不要不急のいわゆるハコモノをつくった自治体もあるはずです。本市も例外ではありませんでした。ハコモノ建設でつくった借金の返済で財政硬直化を招いて行政本来のサービスに支障をきたすようでは本末転倒です。

吉田　キーワードは効率性でしょう。埼玉県志木市はアウトソーシングなども含め大胆な改革をしたこともあります。行政の効率化ということをどうお考えでしょうか。

本吉　「入るを量りて出ずるを為す」と言いますが、行政の仕事も収入に応じて支出計画を立てるのが原則です。収入（税収）が減るのがわかっているのに、多額の借金（起債）をして無頓着に支出すれば、孫子（まごこ）に付けを残すことになります。基本は行政も企業もおなじだと思います。企業誘致や人口増など税収を増やす努力をしつつ、一方で支出を抑えるための知恵を絞る必要があります。

市長在職中、子どもの保育事業は民間に委ねることにしました。お寺さんが運営する保育所やキリスト教系幼稚園は以前から市内にあり運営のノウハウもありました。民間でできることは民間に任せるという考えです。福祉にかかわる施設も公設民営で建物は公費でつくり、管理運営は民間に任せるという方法もとりました。先ほどお話しした病後児保育を取り入れた保育所も実は公設民営でやりました。

庁内の組織再編もおこないました。計画的に市職員を減らし人件費を抑制しました。公共事業の競争入札で競争原理が働くよう入札制度の見直しも行いました。

一方、不採算でも住民の福祉のために行政がやらなければならない事業もあります。採算だけで単純に割り切るわけにはいかない面があります。そこは企業経営と異なる点かと思います。

吉田　不正受注や談合は、昔から問題になっているのになかなかよくなりませんね。ここにも天下りなどで仲間意識ができていて、それが不正の温床になるということがありますね。

本吉　市役所内で執務時間中に建設会社の営業担当者が職員の執務スペースに入って課長などと談笑している光景を目にしました。規律がかなり甘かった。職員と談笑している建設会社員が市役所ＯＢだったということもありました。それでは公正さを疑われかねません。請負契約の当事者である業界の方と発注側の職員がお茶を飲んで談笑していてはまずいので規律を厳格にし、けじめをつけるようにしました。

吉田　民間と行政ではコスト意識に大きな差がありますね。一般の人はどうしてかと疑っています。

本吉　市が発注する仕事は通常、入札するか見積もり合わせをおこない、請負金額の低い業者と契約します。当時羽咋市では議会が「官工事からの議員排除」決議をしていたにもかかわらず守られていなかったので「議会決議を順守する」という公約も市長選で掲げました。就任直後の最初の入札からそれは実行しました。

議員は市政に関する内部情報を入手できるいわゆるインサイダーです。したがって議員が実質経営者である企業が市と請負契約を結ぶことは公平性の観点から許されません。議会は表向き決議したものの守られていませんでした。

議会決議どおり、議員が実質的に経営する企業を指名競争入札から排除しました。直後の議会はいろいろ混乱しました。経営する仕事を優先し議員を辞めた方もいらっしゃいました。この間いろいろな人からの接触やちょっとした圧力もあり、市政への影響は多少ありましたが、議員と市との関係が談合や疑惑の温床になってはいけませんので公約を実行しました。自らに甘いのでは市民の信頼は得られません。

吉田　難しい状況ですよね。建設業が市民の生活を支える重要な産業であることは間違いない。ただ利益を公共事業にすっかり依存してしまっている企業はいかがなものか。どのように改革すべきなのでしょうか。

本吉　地方では公共事業が地域経済をある程度支えている面はあります。ですから、なおのこと公平公正でなければなりません。一方で施設設計の入札については内容を吟味すべきだと考え、単純に金額だけで採否を決めるのではなく、建築の専門家も含めた審議会で検討してもらい案を出してもらいました。施設は使い勝手のよいことがだいじですし、完成後の維持管理のコストも考慮すべきですから。

吉田　五輪関連のデザインや国立競技場の問題などでも取り上げられたことですね。

改革に抵抗する「三途の川」とは？

吉田　行政改革は、不断の努力が必要です。トヨタではありませんが、改善は永遠のテーマです。現在求められているのは質的な転換です。つまり区民との協働を図ることです。そのために徹底的な情報の公開が必要になります。

本吉　おっしゃるとおりです。行財政改革は財政難におちいったからやむなくやるのではなく財政難を招かないよう不断におこなうべきです。市民サービスに関することすべてをお役所がやっていては支出が増えるので、地域で余力のある方々に知恵や労力を提供してもらう協働というやり方は必要です。とくに福祉分野では不可欠だと思います。そのための仕組みづくりをするのも首長や役所の仕事です。いっしょにやるのですから情報の共有は当然です。

吉田　改革をすすめるのはどんなにたいへんなことか、何となくわかってきたような気がします。

本吉　四苦八苦しながら改革を進めていると「わが意を得たり」という職員もあらわれました。ある職員が語った言葉をいまも覚えています。その人が「『役人は三途の川だ』と言われています。それではダメです」とおっしゃった。

吉田　三途の川？

本吉　その職員の方曰く「休まず、遅れず、仕事せず」で「三ず」の川と言うのだと。吉田さんが行政職員の意識について先ほど指摘された内容とおなじ趣旨かと思いますが、その職員が「役所の仕事はとかく横並びで非効率で市民のほうを向いていない。意識改革が必要だ」と力説してくれました。

吉田　民間で血を吐くような思いでがんばっている人が聞いたら目をむきますね。そこが民間と公務員の大きな落差です。

本吉　首長は孤独ですが、ありがたいことに協力者もあらわれます。議会とは馴れ合わず、市職員に対しては「市長は役所に送り込まれた言わば市民の回し者なので、お互い緊張感をもって市民・納税者のため働きましょう」と言ってきました。補助金の見直しは関係する市民に厳しく、能力主義人事制度や給与カットは職員にきびしく、議会とは「官工事からの議員排除決議」の実行など是々非々でした。応援してくれる市民の声が支えでした。若気の至りで多少無鉄砲な面があったことは否めません。

吉田　そういう改革は血が出ますから、身内だったら絶対にできませんね。

本吉　改革は恨まれる。疎まれる。八方美人ではやれません。ジレンマはありました。次の選挙のことはあまり意識しませんでした。与えられた任期の4年間で何ができるか最善を尽くすのみといった感じでした。実績をことさらアピールするということもありませんでした。市長になったら「仕事はやって当たり前」という気持ちでした。

吉田　行政の根本から見直そうとすると、やはり1人だけでは、短期間ではできない。そこが何とももどかしいでしょうね。

本吉　落選も経験しましたが、すすめた施策によってその後の羽咋市政に財産として残ったことも多々あります。改革は道半ばではありましたが、米国大統領の任期は2期8年が限度。以て瞑すべし、かなと。

吉田　人事評価の効用はどのようなかたちであらわれましたか？

本吉　もちろん職員の間に序列を設けることが目的ではありませんでした。職員がそれぞれの部署で1年間どのような仕事に取り組み、いつまでにどのような成果を上げるのかという意識を持ってもらいたかったからです。具体的な目標の設定、時間のコスト、それらを意識して仕事をすすめることがだいじだと考えました。ＯＪＴオン・ザ・ジョブ・トレーニングです。

職員の能力向上につながったと思います。仕事が以前より速くすすめられたり、応対がていねいになったり、役所内ではたらい回しを避けいわゆる「ワンストップサービス」を心掛けたり、説明がわかりやすくなったり、そのような効用があったのではないでしょうか。そういう面で市民サービス向上につながったかと。もっともだいじなのは人だと考えていました。職場内あるいは外部機関での研修をつうじた人材育成が大切だと感じていました。人事評価制度の導入は人材育成を進める方法の１つだった思います。

吉田　成果を大切にするという部分は、民間の感覚に近いですね。

本吉　負担が大きいと感じている管理職には希望降格制度もつくりました。年功序列を基本としつつ、人事制度も弾力的にやらざるをえない状況もありました。その過程で早期退職を希望した人も何人か出ました。結果的にきびしすぎたのかなと。恨まれますし、嫌われます。選挙時には反発を受けたのではないかと思います。市民サービスのためと思って改革をすすめても、人口の少ない小都市ですと、反発する職員の家族も含めると有権者はかなりの割合になりますから。当時はそんなことはあまり考えませんでした。「本吉は血も涙もない」と。思い返して反省点ももちろんあります。急ぎすぎたかもしれません。

吉田　いやいや本吉市政の評価は高いですよ。改革は既得権に刀を入れますから、それを失う側から好かれるはずはないですよ。必ず毀誉褒貶（きよほうへん）なかばしますね。本吉市政は市民の間でも支持が高かったと思いますよ。リーダーは批判を避けようとして節を曲げてはいけません。自己保身に走るなどもってのほかです。その場しのぎの政策ではなく、長期的な展望に立たなければならない。未来志向で動くべきだと思います。いつの時代にも、そういうリーダーが求められています。

未来を見こした行政改革

本吉　首長に求められる要素はいくつかあるでしょうが、決断力と的確な迅速さも必要だと思っています。

思い出すのが能登半島地震です。地震発生は市長を辞めて3年後の2007年3月25日午前9時過ぎ。最大震度6強、羽咋は5弱でした。羽咋市内でも住宅が損壊したり塀が倒れたり大きな被害が出ました。そのとき胸をよぎったのが「紆余曲折あったが、危険校舎と指摘されていた小学校を建て替えておいてよかった」という思いでした。

少子化に伴う小学校の統廃合と並行して老朽化した小規模小学校を廃校とし在籍児童は近くの大規模校に統合し通学させる――との有識者委員会答申が出て、市長就任直後から地元への説明と調整に入りました。答申は前市長になされたものでしたが、まずは引き継ぎました。しかしその地区の住民は断固として廃校・統合に断固反対でした。就任後、当該地区に10数回出向き、通学路の整備なども提案し、答申どおりすすめることに理解を求めました。1年以上経過しても地域住民の態度はかたくなで取り付く島がないといった感じでした。選挙時のしこりもあったように思います。

一方、老朽校舎は古くて危険校舎とされ、一刻の猶予も許されない状況でした。県教育長とも相談して最終的に児童の安全を優先し新校舎を現地で建て替えることにしました。児童の情操や温暖化に配慮して新校舎は木造にしました。小学校統廃合を受け入れた他の地域の住民からは反発がありました。

しかし事態が膠着したまま老朽校舎がこの地震に遭遇していたらと考えると恐ろしく、何より子どもたちが新校舎で無事安全でよかったと思いました。拙速は避けるべきですが

「六日のあやめ、十日の菊」でもだめなんだと感じました。

吉田　つねに先のリスクを考えながらも現状の評価と戦っていくことが必要ですね。小学校には太陽光発電なども取り入れたとか。

本吉　将来地域や国を支える子どもたちへの言わば未来への投資です。無駄だとは思いませんでした。地球温暖化の問題があり、太陽光発電など自然エネルギーへの理解も深めてもらいたいと思いましたから。

吉田　前例のないことをするとなると、議会が紛糾したでしょう。

本吉　議会には他地区の議員もいて相当叱られました。それでも、わたしはときどきの政策は「後世の評価に耐えられるかどうかだ」と思っていました。木造新校舎に建て替えた小学校の児童は調べてみると現在72人にまで減少しています。小学校の規模としてはあらためて検討が必要な時期かと思います。状況に応じて知恵を出していかねばならないと思います。

吉田　必要なことは断固実行していくべきですね。市民の支持をバックにして市役所に乗り込んでいくというかたちだと、議会も行政も四面楚歌に近いでしょうね。そういう状況でも4年、8年と、つねに先を見ながらやっていかなければならない。

本吉　当時は血気盛んで「千万人と雖も吾往かん」と言うような心境だったように思います。若気のいたりでした。「福祉従事者には支持され、建設業者から嫌われている」と言われ、「水清ければ魚棲まずだ」と言われたこともありました。

住民を二分するような案件、たとえば先ほどの産廃処理施設計画の是非とか平成の市町村合併などは、住民自治の観点で場合によっては住民投票を行うことができるようにと自治基本条例をつくったときもそうでした。一部議員からは「議会軽視だ」と言われました。いろいろなことがありました。

吉田　問題がないように、波風が立たないようにと、4年も8年も遠慮ばかりしていたら支持してくれた市民に対する裏切りです。信念はかたちにしなければ。たとえうまくいかなかったとしても、何より住民がそこから学びます。

本吉　そうですね。必要と思えば中央省庁に出向いて直接交渉もしました。いまだに陳情が首長のもっともだいじな仕事だと思っているような地方紙もあり「地元国会議員への陳情が少ない」などと書かれたりしました。周囲の意識は急には変わりませんが、地方自治にもダイナミズムは必要です。霞が関に出向いて直接交渉した結果実現したこともあります。

吉田　どのようなエピソードですか。

本吉　いまは２０１５年に「子ども・子育て支援制度」がスタートして幼保連携型の認定こども園が設置されるようになりました。２０００年当時は幼保一元化の議論をしていたときです。羽咋市では少子化と施設の老朽化を受けて保育所の統廃合をすすめていました。その過程で古い保育所が空き家になりました。そこへある民間の幼稚園からその建物を使わせてほしいとの要望を受けたのです。

吉田　市が空き家状態になった保育所を使わないのならば、取り壊さないで幼稚園として使わせてもらえないかと？

本吉　はい。とくに問題がなかったので市としてはいくつかの条件を提示し要望に応じようとしましたが、国から待ったがかかりました。補助金の目的外使用にあたるというのが理由でした。保育所を管轄する厚生労働省の見解でした。国の補助金はあくまで保育所建設に対して支出したのであって、幼稚園として使うのは目的外使用にあたると。「保育所も幼稚園も地域で子どもを育てるという点では同じ」というのがわたしの言い分でした。ちなみに幼稚園は文部科学省の管轄です。縦割り行政の弊害か？　とも感じましたが、ていねいに説明した結果、厚労省には条件つきで認めてもらいました。

吉田　いまでは認定こども園がスタートしていますが当時はまだ保育所と幼稚園では所管す

る省庁が異なることもあって壁があったのでしょうか。でも認められたのは事情を市長自ら説明し交渉したからですね。地方分権によって地域ごとに実情に合ったサービスができるようになればいいですよね。

本吉　はい。地域の実情を知ってもらい制度を弾力的に運用してもらえた例かと思います。

吉田　妥協せずに行動をする姿勢が、たとえそのときは波風を立てることになったとしても、その後の地域行政をよりよいものにすることにつながっていきますね。

きょうはご遠方からはるばるお越しいただき、本当にありがとうございました。改革のために必要なものは何か、こころにしみるお話でした。

一生を通して生きがいがあり、楽しみが見つかる。それが自治体の格差社会とのたたかい方だ

1.

いま世界の富はごく一部の人たちに集中している。その原因は情報化である。ここまではあきらかだ。だれにも異論はないだろう。

インターネット環境はいまや公共財のようなものである。だれもが利用しているし、ほとんどの人にとって日常生活に必要不可欠なものとなっている。言うなれば道路と似たような存在になっている。

道路なら通行にお金を払う必要はない。高速道路など一部有料道路はあるが、それは例外だ。みんなが税金を払い、その税金で道路をつくる。道路は天下の公道である。通行料

など払わない。

ところがインターネットはそうはいかない。創業者がいて起業した。営利事業なので、利用料をとっても文句は言われない。そしてだれもが利用料を払っている。

このままではますます富の偏在がひどくなるから、いつかはルールを変えなければならなくなるのではないかと思う。しかし、いつ、どう変えたらいいかとなると、とてもわたしごときの手に負える問題ではない。世界の賢者と指導者があつまって議論しなければならないだろう。

2．富の偏在はグローバルな情報化に原因がある。しかし格差社会はそれとは別次元の問題だ。

日本の相対的貧困率は非常に高くなっている。主要先進国のなかではアメリカに次いで2番目に高い。2019年厚生労働省の国民生活基礎調査によれば、子どもの貧困率は13・5％である。これに対して年収2000万円以上の世帯は1・5％ほどだ。1980年代ごろだと日本は非常に平等な国だったのだが、40年足らずの間に格差が広がってしまったのだ。

格差も残念ながら地方自治体にどうこうできる問題ではない。非正規雇用のルールをどうするか、経済競争のルールをどうするかにかかわる問題だし、それは国が決める。だが地方自治体にできることは何もないかといえばそうではない。

では何をすべきか。それを考えるには少しばかり発想の転換が必要だ。

小さな地方都市に住んでいる1人暮らしのお年寄りを想像してみていただきたい。わずかばかりの蓄えと年金で暮らしているとしよう。もし練馬のような大都市部なら、たちまち行き詰まってしまうだろう。ところが調査によれば、その人の暮らしはけっこうゆとりがあるのである。みんながそうとは言わないが、ちょっとした条件次第なのである。その条件とは、車で30分以内のところに子どもが住んでいること、だ。日ごろは1人で気ままに暮らしていても、いざとなると近くに住んでいる子どもが支えてくれる。そういう関係があること。それが重要な条件なのである。

3．

地方自治体の役目は、自由かつ安心安全な地域コミュニティをつくることだ。ソーシャル・キャピタルという便利な言葉があるから、それを使ってしっかりしたソーシャル・キャピタルをつくることと言い換えるともっとはっきりするだろう。地域コミュニティというと自治会町内会を思い浮かべて、何だかわずらわしい義務があるからと敬遠する人がいる。学校のPTAなどもできれば遠慮したいという人が少なくないだろう。そう考えるのはあまりよいことではないと思うが、その気持ちはわからないではない。

発想を変えて、歩いて15分以内のところに、商店街があってお医者さんがあって小さな公園があって公民館があるというまちと、車で20分ほど行かなければ商店街も医院も公園も公民館もないというまちではどっちに住みたいだろうか。答えは言うまでもないだろう。

商店街やお医者さんや公民館や図書館や公園がそろっていることをソーシャル・キャピタルという。ソーシャル・キャピタルをつくることが地方自治体の役目だ。ソーシャル・キャピタルがしっかりしていると介護保険料の負担が小さくなると言われる。人びとが健康になるからである。

ソーシャル・キャピタルを考えるときに重要なのは、まちに住んでいる人の視点で考えることだ。公園や体育館や図書館や病院が1カ所にあつまっていれば、半径1キロ以内に住んでいる人にはこのうえなく便利だろう。しかし遠くに住んでいる人にしてみれば絵に描いた餅みたいなものではないだろうか。

ところでソーシャル・キャピタルはハードを意味するだけではない。人間関係そのものを意味する。日本語に訳すとき社会資本ではなく社会関係資本と訳すのはそのためだ。社会資本というと道路とか港湾とか、ハードを意味することになる。

人間関係が豊かになるとき、人びとは安心して暮らせるようになるし、いろいろなことに希望をもって挑戦できるようになる。それは社会とのつながりが豊かになるということだ。

4．わたしは地方自治体のもっとも重要な役目はソーシャル・キャピタルを充実させることだと考えている。もちろん、もっとも重要な役目はほかにもたくさんあるが、少なくとも決してないがしろにしてはならない視点である。

ソーシャル・キャピタルを充実させることとは、練馬区内に住むすべての人が歩いて10分以内のところに商店街や公園や体育館があるということ、そしてユニバーサルデザインがいきとどいているということだ。だから車椅子で使えるトイレが区内にまんべんなくあるようにしなければならないし、ベビーキープがあるトイレが区内にまんべんなくあるようにしなければならない。児童虐待の通報やDV被害女性の訴えを受けとめる窓口も区内にまんべんなくあるようにしなければならない。

もう1つ、高齢者、子ども、障がい者を支えるNPOはじめ、多様なネットワークがしっかりしているということだ。ソーシャル・キャピタルとはネットワークということである。貧困をたちきるためには、貧困におちいった人たちをいろいろな人間関係のなかに迎え入れることが必要だと言われる。それが最近よく言われる社会的包摂（ソーシャル・インクルージョン）ということだ。

5．

営利事業であれ非営利事業であれ、さらにサークル文化活動であれ、家族の支え合いであれ、区民の自主的な活動がさかんになることが、格差社会に対する自治体のたたかい方だと思う。

そのために、わたしは民間に委託できる事業は民間に委託して、その事業が発展することを支援したいし、教育文化活動に対しては新しい活躍の場をつくりたい。一律に補助金を出すといった方式ではなく、事業活動として収支がつぐなうことをめざす方式で支援したいと思う。

練馬からユニークな学習塾が育ってほしいし、新しいビジネスが育ってほしい。練馬からノーベル賞クラスの学者が育ってほしいし、俳優やタレントや歌手が育ってほしい。一生の間、目標が持て、チャンスがあり、生きがいがあり、楽しみが見つかる。そんな人生を送ることができるまちにしたい。

吉田健一対談 8

対談者　小竹　雅子　さん

市民福祉情報オフィス・ハスカップ主宰

介護保険の現状から地域の介護を考える

小竹 雅子（おだけ まさこ）**さん　プロフィール**

1956年生まれ。北海道出身。1981年より「障害児を普通学校へ・全国連絡会」の活動に参加。

2003年より「市民福祉情報オフィス・ハスカップ」（http://haskap.net/）主宰。介護保険を中心に電話相談やセミナー、院内集会を企画するほか、制度改定をまとめた『ハスカップ・レポート』を毎年発行。社会保障審議会の傍聴をもとに、メールマガジン『市民福祉情報』（2021年８月現在、1119号）を無料配信中。

著書『総介護社会――介護保険から問い直す』（岩波新書、2018年）ほか。

福祉にかかわるきっかけ

吉田　福祉の問題にかかわるのは、何かきっかけがありますね。

わたしは53歳です。東京練馬区で生まれ育ちました。現在はおもに幼稚園とガソリンスタンドの仕事をしています。思い出すのは40年ほど前にわたしの母親が寝たきりの祖父を家で介護していたことです。祖父は母親にとっては義父になります。介護はたいへんな仕事です。でも当時は時代背景もあって家族介護に疑問を感じていませんでした。

しかし、いまは違います。5年前に父も他界しました。だれが103歳の祖母の面倒をみるのかと考えると、やはり家族介護は限界があると思いました。

そこで一大決心をしました。父の死を機に、家の隣に介護付き老人ホームをつくりました。そして介護関連の会社をしている同級生に貸しています。祖母はそこに入居しています。祖母はときには不平も言っています。というようなことがあって、わたしも介護というものを身近に感じるようになりました（祖母は令和3年1月30日没　104歳）。

小竹　わたしは吉田さんより10歳上ですが、1981年に障がいのある子どもの保護者のみなさんが、わが子を地域の普通学校に行かせたいという願い「障害児を普通学校へ・全国連絡会」を結成するお手伝いしたのが、いわゆる福祉問題にかかわるきっかけでした。

当時、教育委員会に普通学級、普通学校は適当ではないと判定されれば、いまで言う特別支援学校（養護学校）や特別支援学級（特殊学級）に行くことが「その子のため」とされていました。しかし、兄弟姉妹や近所の子どもたちとともに育ちながら、なぜ、小学校に入学するときに隔離されなければならないのか、納得がいかない保護者がたくさんいました。でも、障がいのある子どもや保護者は少数派なので、同じ思いを抱く保護者たちでネットワークをつくろうという話になりました。きっかけになったのは、わたしのつれあいの長兄で、彼は長崎在住で、脳性麻痺の娘が車イスを使っていました。地元の小中学校の普通学級に通いましたが、長崎は坂の多い街で、両親が車イス介助をして、通学していました。現在のように介助者はいなくて、運動会や遠足も保護者の同行を求められました。そんななかで、おなじような家族が全国的に励まし合い、支え合わなければならないと、小さな活動が始まったわけです。

吉田　そういった小さな集まりから活動を全国に広げていったということでしょうか。

小竹　全国各地の保護者から連絡が来ましたが、全国化したのかというのは、難しいところです。活動にかかわるなかで、自立生活運動をしている成人の障がいのある人たちともおつき合いをするようになりましたが、「(健常者の)親は敵だ」とか、「当事者たちの気持ちが理解できない」という批判にも出会いました。

吉田　それは苦しいですね。

小竹　わたしは第三者的な立場でしたから、当事者を理解することに限界を感じながらも、教育委員会との交渉や行政訴訟の支援などの活動にかかわりました。当時は20代で体力がありましたが、自宅を連絡先にして、手紙と電話が中心の活動でした。朝6時すぎから、出勤前の保護者からの電話があり、昼間はさまざまな問い合わせがあり、夜、仕事が終わってから電話してくる人もいるという状態でした。

吉田　1日中電話と向き合って活動されていたわけですね。

介護保険法が成立したころ　「サービスを利用する本人に自己決定権がある」

小竹　結局、精神的な疲労がたまったようで、10年続けたところで、いったん休むことになりました。いまも「障害児を普通学校へ・全国連絡会」の活動は続いていて、２０２１年で40周年になります。わたしは創設期にかかわっただけですが、障がいのある子どもたちの保護者、とくに母親のみなさんから、「親亡きあとも、わが子に社会で生きてもらいたい」という願いを教えてもらったのは、貴重な経験だったと思っています。

吉田　保護者であれば、障がいがあろうが病気があろうが、子どもが１人の人間として地域で生きていくことを願います。それだから地域の学校へ行かせたいと思うことは当然の気持ちだと思います。

小竹　とくに義務教育で、「ともに生きる」ための実践をもっと支えるべきだと思います。わたしはその後、就職しましたが、保育問題でおつき合いのあった石毛えい子さんが衆議院議員になられ、全国の保育、高齢、障がいなどの活動をしている市民団体をネットワークし、政策提言できる力を育みたいと「市民福祉サポートセンター」という団体を提案されました。

１９９６年の発足で、わたしは立ち上げのお手伝いをして、ふたたび市民活動に参加することになりました。そのころ、国会に提出されていた介護保険法案に廃案の動きがありました。厚生省（当時）も法案は成立させたいので、介護保険法の成立を望むＮＰＯと厚生省によるシンポジウムが開かれました。

当時、わたしは法案も介護もよく知らなかったのですが、シンポジウムで厚生省の担当者が「介護保険はサービスを利用する本人に自己決定権、選択権がある」と発言するのを聞きました。障がい児・者問題に多少、かかわったことがあるわたしにとって、行政の担当者がそんな発言をするのは、青天の霹靂（へきれき）とも言えるものでした。

吉田　給付に本人の権利を認めるということですね。介護保険は「当事者主権」だということに関して、当時は実現可能なのか不安がありましたね。

小竹　そうです。差別はなくならないとしても、介護保険は利用する当事者の「自己決定・自己選択」をどこまで尊重できるのかという点に関心を持ちました。

吉田　障がい児・者問題にかかわってきて、なかなか実現できない「当事者主権」が、介護保険ではできるのか、つまり、高齢の本人に選ぶ権利が実行できるのか、さらに選択できるほどサービスを供給できるのか、ということですね。

小竹　はい。そして、介護保険法は成立しましたが、本人が主体と言われても、利用者の中心になる高齢者はどう感じているのだろうと考え、電話相談を開設してみました。無謀な企画とも言われましたが、それが、介護保険制度にかかわるようになったきっかけです。

介護保険の現状と問題　複雑さ

吉田　その後は、社会保障審議会などすべての会議を傍聴されたと聞いています。会議のメンバーも変わるし、役所の担当者も変わりますから、その蓄積は大きいですね。情報公開といっても、小竹さんのような活動がないと十分効果を発揮できません。介護保険については、小竹さんがいちばん知っているし、役所の担当者などもそう思っているのではありませんか？

そんな小竹さんだからお聞きしたいのです。介護保険法が成立してから20年経ちますが、細かい取り決めがいろいろとあってとても複雑ですよね。当初はいまよりも簡易なものだったのでしょうか。

小竹　最初の設計から、かなり複雑でした。

吉田　医療保険だと、医療保険証を病院の受付に出せば給付は受けられますね。介護保険は、市区町村に「判定」をたのまなければいけません。

小竹　要支援認定・要介護認定のことですが、市区町村（区は東京23区）に申し込み、訪問調査があり、その結果をコンピュータにかけ、市区町村の介護認定審査会で専門家が最終判断をして通知が来る。これに、だいたい1か月かかります。通知を届いて、はじめてサービスを利用する権利、つまり給付を受ける権利（受給権）が持てるのです。

吉田　そこから直ちに使えるのかというと、今度はケアマネジャーに依頼しなければいけない。ケアプランをつくらないと、サービスの提供にこぎつけられない。こんなに何度もいろんなところに連絡をしなければならないというのは骨が折れますね。

小竹　非常に手間がかかります。２０００年度に介護保険のサービスがスタートしたときは、利用者は２００万人くらいでした。複雑な制度ではありますが、高齢化がすすむとともに認定者は増え、いまは６００万人を超えましたから、3倍以上になり、比例するように給付費も増えています。

吉田　いま全国で７６４０万人が介護保険料を払っています。認定を受けている方が６００万人を超える程度という状況ですね。

小竹　さらに言えば、面倒な認定を受けたにもかかわらず、サービスを利用していない人が１００万人を超えています。

吉田　たいへんな思いをして権利を得たのに、なぜサービスを使っていないのか。また、これほど多くの人が介護保険料を払っていて、実際、介護が必要な人は別に高齢者だけではないはずなのに、なぜ他の必要な人たちと制度が別々でなくてはいけないのか。

2020年の介護保険法改正について

小竹　介護と障がい福祉、あるいは介護と医療で何が違うのか、きちんと整理されていませんが、少なくとも、介護保険は暮らしを支えるサービスであるはずなのに、制度は普遍化されないままで、一方で、社会保障費の抑制という圧力にもさらされています。

吉田　縦割りのなかでそうなってしまったのでしょうか。

小竹　それもあると思います。おまけにいまは、新型コロナウイルス対策で国会が大騒ぎなのに、介護保険法が改正されました。法案のタイトルが「地域共生社会の実現のための社会福祉法等の一部を改正する法律案」で、社会福祉法の改正だと思っている人が多いのですが、介護保険法の改正が含まれます。

吉田　「地域共生社会」という言葉は、何となくだれも反対できないという印象をあたえていますよね。

小竹　厚生労働省の検討会などで法案の成立過程を見てきましたが、「地域共生社会」とは法律で決めなければならないのか、という根本的な疑問があります。

吉田　たしかにそうです。自主的につくり上げていく「地域共生社会」でなければ、実効性はないですね。わたしもそう思います。その点は、あとでまたお話したいと思いますが、介護保険を受けるべき人のなかで対象者と認められる人はどのくらいなのでしょうか？

小竹　認定の申請をしたけれど、「自立」と判定されて、非該当になった人がどのくらいいるのか、データはありません。申請すらしない人は当然、把握されていません。

吉田　認定者数は600万人とおっしゃいましたね。

小竹　はい、超えました。高齢者人口の18％くらいです。

吉田　当然、申請者はそれよりも多いですよね。感覚でよろしいのですが、どのくらいでしょうか。

小竹　それはわかりません。また、2014年の改正で、認定ランクが低いとされる「要支援1」「要支援2」の人は、利用が集中していたホームヘルプ・サービスとデイサービスが給付からはずされて、市区町村の事業である「地域支援事業」に移されました。同時に、市区町村が認定の申請に来た人を「要支援ではないか」と判断したら、申請を受理しないで、簡易な「基本チェックリスト」に回してよいとなったので、申請者の数すら曖昧になっています。

認定を受けることなく、「地域支援事業」の対象者にして、給付より安上がりなサービスに誘導することで、認定者を減らしているのではないかとも思います。

ちなみに、認定者の73％は80歳以上なので、介護保険は、平均寿命を超えて生きている方たちを支えているとも言えます。

「あんなお年寄りのところには行きたくない」

吉田　40歳から介護保険料を払っているので、交通事故だとか、重篤な病気にかかって後遺症が残るとか若年性認知症という方も注目されるべきではありませんか。

小竹　介護保険では、40歳から64歳の第2号被保険者の場合、認定申請の資格があるのは16疾病、つまり加齢に伴う病気という条件があります。それ以外の人は、障がい福祉サービスを利用することになります。若年性認知症の場合、認定を受けることはできますが、介護保険のサービスは、典型的なのがデイサービスですが、80歳以上を中心にプログラムがつくられています。

吉田　そうすると、60代の方がデイサービスに行っても馴染めませんよ。60代の方から90代の方を見たら30歳の年齢差があるわけですからね。

小竹　人生経験も生活文化も違ってきます。デイサービスを勧めても、「あんなお年寄りのところには行きたくない」と拒まれるという相談が寄せられることもあります。

高齢者だけで見ても「65歳以上」ですませていますが、最高齢は117歳ですから、半世紀も年齢差のある人たちが、まとめてサービスの対象になっているわけです。今後はさらに、世代的な対応も求められると思います。

お金の問題

吉田　お金の問題に目を移すと、人数が増えてきたら、いまの金額では足りなくなり保険料もおのずと上がります。サービスをするにはお金がかかり、そのためのお金をどこかから負担しなければならなくなります。この上昇ループが見えていますよね。

小竹　介護保険の給付費は税金と保険料で折半する仕組みなので、認定を受けて利用する人が多くなれば、給付費、つまり、税金も介護保険料も増やさなければならない構造になっています。

吉田　ただ、その折半するというのが今後も維持できるでしょうか。かなり深刻な問題になっていますでしょう。いつまで耐えられるか。

小竹　介護保険料は、40歳から64歳までの第2号介護保険料と、65歳以上の第1号介護保険料に分かれますが、給付費に対する負担割合は、人口比率で決められています。

吉田　そうすると第2号と第1号の不均衡が大きくなっていきますね。

小竹　おっしゃるとおりで、費用が増えなくても、「少子高齢化」が進行すると、第2号介護保険料の負担割合は減り、65歳以上の第1介護保険料が自動的に上昇する構造でもあります。

吉田　高齢者の方たちは、昨今75歳まで働けという話も出ていますが、そこはどうでしょう。

小竹　「生涯現役社会」というすごいキャッチフレーズですが、それほど、簡単な話ではないと思います。それよりも、第1号介護保険料は年金から天引きですが、年金は増えるわけではありません。今後も介護保険料が上昇するなら、だれもが不安になります。市区町村も長く悲鳴を上げていますし、介護保険料で半分を負担する設計は変えざるをえないと思います。

吉田　つまり、税金の負担割合を上げざるをえないという構造になる。

小竹　介護保険は総費用10兆円規模ですが、社会保障費の9％程度です。しかし、高齢化とともに需要は増えるのに、社会保障改革の方向性はこころもとないと思います。

介護保険の20年間でお嫁さん介護が激減、実子介護が増えた

吉田　いまだに介護する人は「嫁」が多いのでしょうか。

小竹　介護保険になって、「お嫁さん介護」は劇的に減りました。その代わり、「娘さん介護」、実の娘による介護がとても増えています。

吉田　娘だけですか。息子、男性も介護に参加しているのではないですか？

小竹　男性も、介護者の3割まで増えました。介護保険の20年間の構造的な変化は、お嫁さん介護の激減、代わって実の子どもによる介護が増えていることです。また、実子による介護でも「別居介護」が増えています。「同居介護」をしなくても済むようになったのは、介護保険の評価すべきところだと思います。

吉田　実のお子さんによる介護は、未婚の方が多いでしょうね。

小竹　同居介護の場合はそうです。

吉田　結婚する人が減っているのも要因の1つですね。

小竹　いま、社会問題になっている単身の中高年の引きこもりも含まれます。リーマンショックやリストラで再就職先を見つけられず、引きこもりになるばあいもあり、そういう人たちが親の年金をたよりにし、親の介護をするところまで来ているケースもあります。

吉田　増えていますね。いわゆる８０５０問題です。早く手を打たなければ、深刻な問題になってきます。一朝一夕で解決する問題ではありません。介護保険だけで解決できる課題でもありません。自治体として早急に、人手をかけて取り組まなければならないテーマです。介護保険に戻りますが、施設介護と在宅介護では、いま国は在宅をすすめていますね。

施設介護と在宅介護

小竹　介護保険制度の見直しは、費用の高い施設サービスより、多くの人たちが望むとおり、家で死を迎えさせてあげましょう、在宅サービスにシフトしましょうという流れです。

吉田　それは国が言っていることですね。

小竹　そうです。そして、在宅シフトというのは、家で死ぬには医療が必要だから、介護保険のお金をお医者さんや看護師さん、つまり在宅医療にまわして、生活を支えるホームヘルプ・サービスやデイサービスは減らしましょうという構図になってしまいました。

吉田　それでもホームヘルプ、デイサービス、福祉用具レンタルなしでは在宅介護は成立しませんよ。家で死を迎えるにしても、介護がある暮らしを維持するためには、ホームヘルパーなどが必要不可欠です。介護者が社会参画するにはデイサービスが欠かせないということで伸びているのに、本当に、在宅をする気があるのかなという疑問は出てきます。体が弱るにつれ、人は介護用の家に直すなどしないと自宅での暮らしが困難になります。1人暮らしならなおのこと自宅での生活が厳しくなってきますよ。

小竹　自宅で親を看取る人も増えていますが、医療と介護だけでなく家族や親族のチームワークも必要で、マスコミに取り上げられるくらいまだ少ないのだと思います。在宅死には環境の整備など一定の条件が必要になります。

吉田　核家族化もすすんでいるなか、わたしは在宅での暮らしが困難になったら、老人ホームに行く選択しかないのではないかと考えています。在宅はたいへんな労力がかかるという理由が1つ。それに「地域包括ケアシステム」があるといっても、それで行き届いたサービスが実現可能かどうか、疑問に思うからです。たとえば「地域の人の見守り」などと言っても、それまでつき合いもないのに具合が悪くなったからといって急に面倒を見てもらうのは不可能でしょう。

ところで、老人ホームと言っても「特養」（特別養護老人ホーム）と「有料老人ホーム」の2種類がありますね。特養というのは都営住宅のような地味な印象で、一方有料老人ホームはマンションのような豪華な印象があります。しかし、多くの自治体ではやたら特養にも補助金をかけ、豪華につくっています。そのあたり、どうですか？

小竹　介護保険を在宅か施設かで見ると、利用者負担を含めた1人あたりの平均費用は施設サービスのほうが高く、月額30万円くらいです。ちなみに、施設は特養、老人保健施設、療養病床、介護医療院の4施設のみです。一方、在宅サービスの1人あたり平均費用は月額10万円前後なので、施設の3分の1程度になります。

吉田　だから行政や政治家は在宅のほうが安上がりだと考えているのですね。

在宅介護が安上がりという考えは間違っている

小竹　安易な理由づけですけどね。集団ケアの施設サービスより個別ケアの在宅サービスのほうが20万円も安いというのは、非常に奇妙ですから。

吉田　なぜ在宅が安く済んでいるか。家族とボランティアが負担しているからでしょう。ヘルパーなど在宅サービスの雇用者の給与も安いですしね。

小竹　ホームヘルパーや介護職員には、平均賃金が低い女性労働者が多数派であることも要因です。今回の新型コロナウイルスの流行で問題になっているのは、在宅サービスを支えてきたホームヘルパーなど介護労働者が、いつまでこの緊張に耐えて働き続けられるかということです。

吉田　やはり、コロナウイルスで現場は混乱していますか。

小竹　それは、ピリピリしています。とくにホームヘルパーは利用者宅を訪問する際、ろくに防護態勢の支援もないなか、使命感のみで働いていると言わざるをえません。

吉田　そういう意味でも、在宅のほうが安く上がっているのはおかしいと。

小竹　施設ですが、特別養護老人ホーム（特養）は社会福祉法人が運営し、制度的にも生活施設という位置づけです。一方、老人保健施設と介護療養病床、介護医療院は医療法人が経営し、医療系施設のほうが費用は高くなっています。

吉田　特養は、もともと、身寄りやお金がない高齢者のために戦後すぐに始まった高齢者施設だったわけですね。

小竹　特養の歴史は長いですね。介護保険で施設サービスに位置づけられ、低所得の人だけではなく、施設を希望する人や在宅介護が限界になった中間層、高所得層も利用できるようになりました。一方、２００５年の改正で、家賃と食費が全額、利用者の自己負担になりました。

吉田　お金を負担することになったので、有料老人ホームとの区別がわかりにくくなりました。

小竹　有料老人ホームは、運営法人が建物をつくり、提供するサービスのなかに、介護保険の「特定施設入居者生活介護」という在宅サービスがセットされます。このサービスの指定を受けた有料老人ホームは「介護付き有料老人ホーム」あるいは「特定施設」と呼ばれ、それ以外は「住宅型有料老人ホーム」です。

吉田　有料老人ホームは、施設サービスではないのですね。

小竹　そうです。誤解されやすいところです。

吉田　施設サービスに位置づけられないということは、介護サービスは、施設でなくて在宅サービスという仕分けになりますね。利用者に補助や対策がつかないということでしょうか。

小竹　そのとおりです。施設サービスでは、低所得の利用者に家賃や食費を補助する「補足給付」（特定入所者介護サービス費）があります。しかし、「サ高住」（サービス付き高齢者向け住宅）や有料老人ホーム、認知症グループホームに「補足給付」は用意されていません。「サ高住」は激増していますが、「安否確認」と「相談支援」がついた賃貸住宅で、併設されている在宅サービスの事業所がホームヘルパーの派遣やデイサービスを提供するので、自宅と同じく利用料は別に発生します。

吉田　「在宅」と「施設」のカテゴライズとしては、給付の程度による区分けなわけですね。有料老人ホームに入居するには年金が月20万以上なければ入れないということになりますね。

特養は人気があって待機者も多い

小竹　ですから、介護保険が始まってから、特養を希望する人が急増し、待機者が全国で52万人になりました。しかし、2017年の改正で、特養を利用できるのは要介護3以上を原則にしたため、待機者数は半減しました。

吉田　数字上だけのことでしょう。「要介護3」以上の人のみを待機者にカウントすることになったため減少した。実際に施設を希望している方が数字上で見えなくなってしまっただけではありませんか。「要介護1」「要介護2」は、施設に入らなくてもいいという人がいるでしょう。

小竹　個別性が高い話ですが、認知症の人では、「要介護1」「要介護2」で、元気で身体が動くほうがたいへんだと訴える家族は多いです。「要介護3」以上だと、身体能力が落ちてしまい、動けないので介護が楽になるという、残念な逆転がおきます。

吉田　実際に介護している家族から見れば、「要介護1」「要介護2」が軽いわけではないと。結局、だれもが年を取るので、特養などの施設を増やさなければならない。いま、ユニット型と言って個室になっていますが、多床室ではだめなのでしょうか？　認知症の方は、多床室の方が、交流もあってよいという人もいます。特養の数を増やそうと思ったら、全部相部屋にするやり方もあると思うのですね。それともやはり個室にしてプライバシーをだいじにするか。どちらかを選べと言われたら、わたしは超高齢者社会を迎える現状では「数」のほうを選ばざるをえないと思うのですが。

小竹　それは、1つの考え方です。たしかに経済的には、相部屋のほうが安く済みます。でも相部屋で暮らせるでしょうか。介護保険が始まる前、特養の相部屋の実態を調査したところ、本当は入居者も相部屋では暮らしたくないのだという結果になって、ユニット型個室を増やす流れになりました。

吉田　そうですか。練馬区でもそうですが、区民の間にはもっと特養をという声が多いです。当然ですが。ただ、お金の話は出てこない。特養をつくればつくるほど保険料が高くなります。費用対効果についても、区民にオープンにするべきです。そこでの議論が深まるなかで、よりよい制度になっていくと思いますが、現状はだんだん複雑な制度になっていっています。身近な制度のはずなのに、区民から遠いものになってしまっている。やはり積極的な情報公開をしていくことがまずは、必要ですね。

小竹　「給付と負担」を議論するときにいちばん、大切なことだと思います。

サービス付き高齢者向け住宅（サ高住）に対する誤解

小竹　特養が「要介護3」以上になったのと前後して、サ高住（サービス付き高齢者向け住宅）に要介護1、要介護2で入居する人が増えました。当然ですが、その後、認定ランクが高くなりつつあります。

吉田　つまり、1人在宅で生活するのは心配、でも特養には入れない。そうなると、サ高住の家賃が払える家族の方は、「安否確認」が付いているのだったらサ高住に入ってもらおうと考えて入れる。どこにも行き場がないよりはと思いますが、どんな問題があるのでしょうか。

小竹　一応、アパートですから個室です。介護保険の施設ではないので、在宅サービスとしてホームヘルパーが訪問します。しかし、併設事業所なので、不要なサービスまで組んでしまう弊害が指摘されています。また、集合住宅という理由もあり、ホームヘルパーの訪問回数や滞在時間は制限されてきています。つまり、ホームヘルパーが滞在しない時間は、訪ねる家族や親族、知人などがいなければ、ほぼ放置状態になってしまいます。

吉田　家族がいるばあいは、「在宅の限界」は家族がもうこれ以上、心身ともに介護できないというのが限界ですよね。でもそれは家族にとっての限界であって、本人にとっての在宅の限界はどういうものかを考えると、本人の希望に添うのは現状では難しくなりますね。

小竹　他人が限界と思っても、施設や病院に入るのは嫌だと在宅でがんばっている人もいます。でも、新型コロナウイルスの流行で、とくにデイサービスの利用を自粛する人が増えています。1人暮らしでデイサービスも利用しない人は、自宅でどうしているのだろう、同居家族がいるばあいは介護負担はどうなっているだろう、というのが心配です。

地域包括ケアシステムの可能性と限界

吉田　「地域包括ケアシステム」ですが、とりわけ都会における可能性と限界などはどのようにご覧になっていますか？

小竹　「地域包括ケアシステム」の前に、介護保険法の最初の大きな見直しは、「予防重視型システムへの転換」で、認定ランクが比較的低い方には、リハビリテーションなど「予防」に力をいれることになりました。いまは、閉じこもりの高齢者が多いので、「フレイル」という言葉がはやっていますね。

●「フレイル」（frailty＝虚弱）とは、加齢によって心身が健康な状態と要介護状態の中間にまで衰えた状態。

吉田　とにかくいまは介護が必要になりたくない当事者も含め、官民ともに予防に熱心になっていると。しかしそれはある意味で逃避でもあるわけですよね。向き合っていないというか。

小竹　自分が認知症になったら、どうやって暮らそうか。あるいは、病気などで身体障がい者になったら、自宅での暮らしにどんな工夫が必要だろうか。近い将来に想像力を働かせることに関心が向かず、健康でいたい、元気でいたいと思考停止している状態だと思います。だから、現実逃避で「介護予防」に関心が向くのだと思います。

吉田　現実逃避的とはきびしいですね。地域包括ケアシステムというのは、「地域」で「予防」も「住まい」も「介護」も「医療」もすべてトータルに支援します、という構想ですね。

小竹　財務省の資料を見ても、社会保障の財政が苦しいことは明白です。それなのに、65歳以上の高齢者だけが対象の「地域包括ケアシステム」は、おかしいと思いませんか？

地域には、病弱あるいは難病などの赤ちゃんから、仕事のストレスでうつを発症する人、事故のケガで身体障がいを負う人など、さまざまな住人がいるのに、65歳以上の高齢者だけが空中に浮いたように、包括的に守られるというのは、どうでしょうか。

吉田　なるほど。ただ、すべての人が助け合う地域コミュニティをつくろうという方向性そのものは、1つのあり方として必要なことですよ。そういった取り組みをするのはおかしくないのですがね。

小竹　7000万人を超える人たちが介護保険料を払っている理由は、介護が必要になったときに、暮らしを支えてもらいたいと思うからではないでしょうか。「介護予防」やリハビリテーションは、介護保険のサービスの本命ではないでしょう。

吉田　支払っているお金が知らない間に用途がすり替わって使われるのはどうかと思いますね。行政への信頼がなくなるというわけですね。

小竹　現実を見れば、「地域包括ケアシステム」の構想にもとづき、「要支援1」と「要支援

2」の人は、ホームヘルプ・サービスとデイサービスを給付からはずされ、市区町村の事業に移されました。特養も「要介護3」以上が原則になりました。さらには、原則1割負担と言われた利用料が、「地域包括ケアシステム」の導入とともに、2割負担、3割負担の人をつくりました。そして、今年の国会での改正は「地域共生社会」です。なぜ、介護保険で「地域共生社会」なのでしょうか。

吉田　国会では高齢、障がい、子ども、生活困窮者に対する相談窓口を整備するために介護保険料を投入するという法案が通りましたね。実際これもお金がない市区町村は介護保険の地域支援事業で実施することになるだろうと思います。

小竹　とりあえず、市区町村の任意事業として実施するので、全国化するのには時間がかかると思います。でも、介護予防事業（正式には介護予防・日常生活支援総合事業）も最初は任意事業でしたが、いまや「要支援1」「要支援2」のホームヘルプ・サービスとデイサービスは介護予防事業です。ですから、何のために介護保険料や税金を使うのか、そして、「地域包括ケアシステム」や「地域共生社会」など、行政に「地域」のことをどこまで面倒見てもらう必要があるのかも考えなければならない。法律で「地域はこうあるべきだ」「地域住民はこうあるべきだ」と決めてもらうのではなく、地域に暮らすわたしたちが主体的に考えるべきではないでしょうか。

高齢者の引きこもり、わがまま、地域のお節介

吉田　ご著書（『総介護社会――介護保険から問い直す』岩波新書、2018年）を拝読しましたが、そのなかに高齢者の引きこもりの問題が書かれています。引きこもりからセルフネグレクトになり、孤立死も増えている。しかし、サービス担当の人間が当事者と信頼関係を構築するのに1年はかかるし、そのうえ、もともと人材が不足しているのに対応すべき高齢者は増えている、とお書きになっています。ということは、現状は悪くなっているということですか？

小竹　引きこもりの問題は、見て見ぬふりをしてきたせいで、中高年化してしまったと思います。中高年化したことで、孤立死の問題が顕在化したことは評価します。しかし、長く閉じこもっていた人から信頼を得るのに、時間がかかるのは当然のことです。信頼関係ができても、社会福祉協議会や社会福祉士のみなさんも、どこまで介入してよいのか、悩みながらかかわっています。厚労省が「地域共生社会」を提案した理由には、もっと介入で

きるようにしたいという狙いがあるとは思います。では、だれが介入するのか、担当する人のバックアップはどうするのか、そこにはお金も時間も必要だというテーマは議論されたとは言いがたいです。

吉田　地域包括ケアシステムで地域を見守ると言いますが、かんたんではないですよ。わたしのように地域で活動している人間でも、どこに引きこもりの人がいるかはわかりません。対人関係や医療の専門家でもないわたしが他人の家に上がり込んでいけるものかどうか。ましてやお風呂などの見守りとなると、性犯罪や強盗などの犯罪がおこる可能性もあります。そうなるとその対策でもっと金銭的負担が増える気がします。

小竹　すでに生きづらくなった人の支援の方法とともに、生きづらい人を増やさない対策を考えなければなりません。新聞記事では、孤立死や介護殺人、介護心中、高齢者虐待など事件が明らかになると、周辺の人たちの「知らなかった」、「相談してもらえれば」と言うコメントがよく載ります。本当に知らなかったのだと思いますが、では、日常的な支援ができるでしょうか。また、本人たちは周囲に相談できなかったのだと思います。

吉田　でも引きこもっている人の家に訪ねていけばいいと言われても、心理的なハードルがありますよね。

小竹　50年もイタリアに住む知人に「イタリアに孤立死はない」と言われたことがあります。みんなお節介で、食事や飲酒のときは声を掛け合うので「孤立できない」わけです。日本では、農村的な地域社会のお節介を嫌い、都市型の個人主義的な生活にシフトしました。旧弊な過去に戻るのではなく、新しい関係のあり方ができればと思うときはあります。

吉田　高齢者といっても具体的には団塊の世代が大きな塊ですね。

小竹　お節介をするタイプは少ないでしょう。また、お節介されるのも嫌がるでしょう。意固地になって素直になれず、配偶者に疎んじられる、とくに男性のエピソードもよく聞きます。配偶者に家出され、あやまることもできず、1人暮らしをしている人もいますね。

吉田　近隣とのつき合いもほとんどない男性の高齢者がこれからいちばんたいへんだと思います。

小竹　練馬区もベビーブーマーが多いのでしょう。ぜひ、みなさんに認知症サポーター講座などに参加して、自分も認知症になるかもしれない、身体障がい者になるかもしれないと想像力を豊かにしていただきたい。「終活」も結構ですが、その前に認知症になった、身体が不自由になった自分の「介護のある暮らし」をイメージしてほしいと思います。

自治体は情報を公開して主体的に取り組むべき

吉田　地域包括ケアシステムには、あらゆる機能がどんどん盛り込まれてきて、自治体としては福祉部の事業を超えていることは明白です。実効性の確保のためにも、また、介護保険制度を守るという意味からも、今後は自治体全体で取り組むテーマとして話をしていかなければならないと思います。独自財源も確保していくべきです。

小竹　これまで、かたくなに縦割りだったのが、なぜ、突然、窓口統合やトータルな支援ということになるのでしょうか。新たな財源を用意したくない、あるいはできないので、介護保険でカバーしようという意図が見え隠れしています。

吉田　介護保険料のみ支援事業の税金が回してもらえるからというわけですね。社会保障の給付増加により、まかないきれないというのであれば、そのことを公表し、対策を講じるやり方のほうが筋は通っています。

小竹　公的な制度に限界があるのは明らかですから、国民に「どこまで負担してくれるか」と聞くことも必要です。人びとに問うこともなく、地域の人たちに足りない部分をカバーしてくれと言うのなら、それは、行政にマニュアルをつくってもらったり、指導されることではないと思います。

吉田　それはまったくそのとおりです。そこに、区民が主人公になる、これからの新しい自治体のあり方が見えてきます。今回も行政が事業費を回して「重層的支援体制整備事業」というのをつくっていますね。これで人々を動かすことができるのか疑問です。

小竹　介護保険でも、かつての老人福祉事業は低所得の人しか相手にせず、中間層と言われる人を家族が無償で支えるのには無理があるということで、住民団体や生協などが非営利有償活動を広げました。しかし、善意の活動では、精神障がいや生活保護世帯など困難が大きいところには入れないという課題もありました。このため、ボランタリーセクターの人たちも幅広く支援が提供されることを願い、介護保険法の成立を支持しました。

吉田　現在は国が金銭的に苦しいので地域で行うようにという逆流構造になっている。

小竹　介護保険の運営に責任を持つ市区町村も、どうやって保険者の主体性を持つのか、という議論が必要だと思います。

吉田　行政がおこなうことで、有害無益ということはないでしょう。ただ、効率性ということがあります。効率の悪い政策は、無駄なお金を消費してしまいます。今後は、いままで以上に、しっかりと金銭的考慮をすべきだと思っています。たとえば特養をこれだけつくるとみなさんの保険料はこれだけ高くなりますといったお金の情報を出しておかないと議論ができません。いままではどうかというと、3年間で特養をいくつつくりますという事業規模の数値のみを公表していました。だから区民も当然ながらあったほうがいいと考え、賛成します。しかし、特養1室つくるのに、一体どのくらいのお金がかかり、運営していくのにはどのくらいかかるのか？　このことを情報提供しないと議論はおこりません。結果、市民レベルは成熟しないまま、つねに待っているような受け身の構造になってしまい、自治など生まれてこない。いま、変革しないといけないのは、この点だと思います。ジョン・レノンの歌ではありませんが、Power of the peopleが必要だと思います。

小竹　東京都を中心に埼玉、千葉、神奈川などは、大勢のベビーブーマーが各地から集まり、働いてマイホームを購入した地域です。今後、一気に高齢化していくため、施設が足りなくなると考えられていますが、おっしゃるとおり、しっかりとした情報公開が必要です。

介護保険で女性の解放はすすんだか？

吉田　先ほど、介護保険で「嫁」が解放されたというお話がありましたが、介護保険によって女性の解放はすすんだとお考えでしょうか。

小竹　「嫁」という立場はある程度、解放されたと思いますが、女性が解放されたわけではありません。介護保険サービスを担う介護労働者の8割、とくにホームヘルパーは9割以上が女性です。彼女たちの善意とお節介に依存し、基準以上のサービスを安いパート代で提供でき、給付を抑えることができたとも言えます。

現在、彼女たちが退場する時期を迎え、後継世代が増えないので、在宅介護を維持するのは、これまで以上にきびしくなると思います。

吉田　ヘルパーの高齢化に加えて新人不足という理由で、去年の12月で訪問事業を廃業したという事業者の方と話をしたことがあります。ヘルパーの高齢化が理由のいちばんでした。若い人が入って来なかったそうです。60代70代の女性はできるけれども、いまの40代50代は世代的に介護することに向いていないのかなと。となると、将来への展望が持てない。

小竹　パートタイム労働に甘んじるホームヘルパーを使えたのは、「最初で最後の専業主婦世代」とも言われるベビーブーマー世代がいたからです。もう1つ、専門家の分析を見たことはありませんが、ホームヘルパーには、高学歴の女性も結構います。男性社会と異なり、黙って活動をしてきた人がリーダー格、あるいは影のサポーターになっているという側面もあります。いまは、高学歴の女性たちは就職しますから、差が出てくるのは当然だとも思います。

吉田 そうですね。60代70代の人が忍耐強く、よくやってくれています。逆に言えば、将来的に展望がないと言えます。

小竹 ホームヘルプ・サービスは難しい対人技術が求められるので、いよいよ、使い捨てを続けてきたつけが回ってきていると思います。たとえば、利用者などによるセクシュアル・ハラスメントは昔からあるにもかかわらず、去年になってようやく、浮上しました。介護保険が始まったころ、なぜ、在宅の高齢者の実態調査をきちんとしないのかと疑問に思っていましたが、事情通の人から、お役所は課題が見つかると対策を打たなければいけないので、課題をなるべく見つけないよう調査しないのだと教えられたことがあります。本当かどうかはともかく、社会保障に関して地域社会に肩代わりしろというのならば、自治体は住民とともに、地域社会の論理を明確に打ち出していくべきだと思います。

吉田 当事者が議論の外にいる点が問題です。もっと役人が地域に入っていき、コミュニケーションを積極的にしていくべきです。

小竹　厚生労働省は著名な活動団体などからは、ヒアリングをおこなっています。だから、キャッチフレーズだけは、とても響きのよいものになっているところがあります。

吉田　練馬区は、3年ごとに計画を立てる高齢社会対策課の課長は3期連続で東京都からの出向です。練馬のことを十分知らずに来て、計画をつくって、また、都庁に帰っていく。これでは練馬区のなかに、介護計画に対する見識が蓄積しません。やはり地域のことに精通した人間をそういうポジションに育て上げていくようにしないといけないと考えます。

20年前に介護保険が成立したころは人びとが高揚していた時期でした。いまは分権の問題も含めてですが、トーンダウンしたような感じを受けます。そういうところで新しい基礎的自治体のトップは何をすべきだと思いますか？

小竹　先ほど申し上げたように、「オープンであること」、「議論すること」が大切です。自由に、オープンな情報をもとにみんなで考えていく場をつくることが、社会保障を考えていくときにいちばんだいじだと思います。いまは「給付と負担」がメインになってしまい、「負担が増えると脅かされる社会保障」なのかという印象ですが、「みんなで考えていく社会保障」に転換できればいいなと思います。

吉田　わたしは基本的にプライベートでも何でもオープンな人間です。たまに隠すと、あとでつじつまが合わなくなります。だから数字も情報も公表することで納得してもらい、一歩先にすすめると思います。オープンにするのはだれにでもできるはずです。あとは困っている当事者の話を聞く仕組みをつくっていければと考えています。

小竹　よろしくお願いします。

吉田　長時間ありがとうございました。

著者紹介

吉田　健一（よしだ　けんいち）

東京都練馬区出身　1967年生まれ（２月16日）
早稲田実業中学校・高等学校
早稲田大学社会科学部社会科学科
東京都議会議員秘書・衆議院議員秘書
現在
学校法人練馬みどり学園（田柄幼稚園）理事長
株式会社吉田商店（出光ガソリンスタンド）会長
i-Terras international（在グアム語学学校）副社長
NPO 法人日本教育振興協会顧問

対話からの出発――住民第一主義をめざして　吉田健一対談集

2021年11月１日　　初　版　第１刷発行　　〔検印省略〕

著者©吉田　健一／発行者　髙橋　明義　　印刷・製本／亜細亜印刷

東京都文京区本郷１―８―１　振替　00160-8-141750　発　行　所
〒113-0033　TEL　(03)3813-4511
FAX　(03)3813-4514
http://www.yushindo.co.jp/
ISBN978-4-8420-9532-5

株式会社　有信堂高文社
Printed in Japan